QUE SAI

Histoire de l'Union soviétique de Khrouchtchev à Gorbatchev (1953-1985)

NICOLAS WERTH
Chargé de recherche au CNRS

DU MÊME AUTEUR

Etre communiste en URSS *sous Staline,* Gallimard-Archives, 1981.

La vie quotidienne des paysans russes de la Révolution à la Collectivisation, 1917-1939, Hachette, 1984.

Les procès de Moscou, 1936-1938, Complexe, 1987.

Histoire de l'Union soviétique. De l'Empire russe à la CEI, *1900-1991,* PUF, « Thémis-Histoire », 1990 ; 2e éd., 1992.

Rapports secrets soviétiques, 1921-1991. La société russe dans les documents confidentiels, Gallimard, 1994 (en collaboration avec G. Moullec).

Histoire de l'Union soviétique de Lénine à Staline (1917-1953), « Que sais-je ? », nº 2963, 1995.

ISBN 2 13 047332 6

Dépôt légal — 1re édition : 1995, décembre

108, boulevard Saint-Germain, 75006 Paris

INTRODUCTION

La disparition de Staline (5 mars 1953) marque, au milieu chronologique des sept décennies d'existence de l'Union soviétique, une étape décisive, la fin d'une époque, sinon la fin d'un système. La mort du Guide suprême révèle, comme l'écrit François Furet, « le paradoxe d'un système prétendument inscrit dans les lois du développement social, et dans lequel tout dépend tellement d'un seul homme que, cet homme disparu, le système a perdu quelque chose qui lui était essentiel »[1].

En quelques années, l'Union soviétique passe d'un système qui peut être qualifié de totalitaire[2] à un système autoritaire et policier, qui conserve certains traits totalitaires, notamment la dictature du Parti qui continue à s'exercer au nom du marxisme-léninisme, doctrine « scientifique » seule capable de rendre compte du « mouvement de l'Histoire ». Mais, derrière les réalités et les apparences d'un système immuable, les espaces d'autonomie se développent ; une nouvelle société, des économies parallèles, héritées du passé (les lopins paysans individuels) ou révélatrices des faiblesses du secteur d'Etat (les différentes formes de « marché noir »), des contre-cultures se constituent.

1. F. Furet, *Le passé d'une illusion. Essai sur l'idée communiste au XXe siècle,* Paris, Robert Laffont/Calmann-Lévy, 1995, p. 503.

2. Encore que subsistent, même durant les années staliniennes, un certain nombre d'aires d'autonomie du social, qui cadrent mal avec le schéma totalitaire « classique », tel qu'il a été notamment développé par H. Arendt et R. Aron. Cf. sur ce point : N. Werth, *Histoire de l'Union soviétique, De Lénine à Staline,* Paris, PUF, « Que sais-je ? », n° 2963.

Du milieu des années 1950 au milieu des années 1980, deux périodes s'individualisent : une décennie de sortie du stalinisme, marquée par une tentative illusoire de « retour aux normes léninistes »; deux décennies d'immobilisme politique, au cours desquelles le pouvoir politique, incapable d'impulser, de mobiliser, laisse filer une économie et une société qu'il sera impossible, lorsque viendra le temps des réformes (la « perestroïka ») de rétablir ou de reprendre en mains.

Les années Khrouchtchev sont à la fois celles de la sortie du totalitarisme stalinien — dépénalisation des relations sociales, fin des répressions de masse, déstalinisation mesurée — et celles des derniers grands mythes et des dernières mobilisations — « retour au léninisme », « construction du communisme », « campagne du maïs », « conquête des Terres vierges », etc. L'échec des réformes khrouchtchéviennes, demi-mesures prises par un « homme du sérail », constitue un tournant, certes moins brutal que celui de 1953, mais néanmoins très important. Désormais, le pouvoir se contentera de gérer le quotidien plutôt que de mobiliser ou d'impulser, de maintenir le statu quo politique, social, économique, idéologique. Mais dans un pays marqué par l'élévation générale du niveau d'instruction de la population, les seules méthodes policières de contrôle et de censure de l'information ne suffisent plus. Le pouvoir ne voit pas l'éclosion d'une société nouvelle, l'émergence d'une société civile. Quand, au milieu des années 1980, le nouveau Secrétaire général du PCUS, Mikhail Gorbatchev, conscient de l'impasse dans laquelle se trouve le pays du « socialisme réel », tente d'impulser, d'en haut, une nouvelle réforme destinée à rendre plus efficace le système « sans en torpiller les valeurs », de libérer l'économie et la société du carcan du « système administratif de commandement » mis en place dans les années 1930, il déclenche une dynamique, faite de résistances et de débordements qu'il ne parviendra pas à maîtriser et qui, en quelques années, conduira à l'implosion du système.

L'histoire de la perestroïka et de son échec a été traitée par ailleurs[1]. Ce précis, qui analyse les quelque trente années qui vont de la déstalinisation à la critique de « l'ère de stagnation brejnévienne », d'une réforme limitée du système à l'échec d'une nouvelle réforme destinée à redonner un second souffle au pays, tente de faire le point des évolutions, le plus souvent occultées derrière le discours idéologique, d'un système moins monolithique qu'on ne l'a généralement présenté, mais néanmoins incapable de se réformer en profondeur sans perdre sa spécificité.

1. P. Loriot, *Histoire de la perestroïka,* Paris, PUF, « Que sais-je ? », n° 2752.

PREMIÈRE PARTIE

LES ANNÉES KHROUCHTCHEV (1953-1964)

Chapitre I

LES LUTTES POUR LA SUCCESSION ET L'ÉMERGENCE DU PROJET KHROUCHTCHÉVIEN (1953-1957)

I. — La réorganisation des pouvoirs

Staline ayant délibérément agi comme si sa succession ne devait jamais s'ouvrir, sa disparition suscite un immense désarroi, qu'illustre la panique collective qui accompagne ses funérailles à Moscou, et qui fait des centaines de victimes. En l'absence de procédures officielles de transmission du pouvoir, une grande incertitude prévaut parmi les dirigeants soviétiques sur la succession du « Guide suprême ». Les principaux collaborateurs de Staline doivent à la fois assurer la continuité du système, se répartir les responsabilités, trouver un équilibre entre la prééminence — même atténuée — d'un seul et l'exercice de la collégialité, en faisant la part des ambitions de chacun et des rapports de force, et introduire un certain nombre de changements, sur la nécessité desquels existe un consensus. Néanmoins, ce consensus reste très imprécis ; la révision des priorités économiques et budgétaires, l'assouplissement d'un système répressif de moins en moins rentable, l'infléchissement de la politique étrangère constituent autant de points âprement débattus. Un débat qui, dans un système où le poids des factions et des clientèles est décisif, dépend en fait largement de la dynamique des affrontements liés à la succession de Staline.

Ces affrontements, au départ feutrés, débutent avant même l'annonce officielle de la mort du dictateur. Dans la nuit du 4 au 5 mars, les membres du Bureau du présidium du Comité central — Beria, Boulganine, Vorochilov, Kaganovitch, Malenkov, Khrouchtchev, Pervoukhine et Sabourov — procèdent à une première répartition des postes et des responsabilités. Ils suppriment le présidium élargi nommé au XIXe Congrès, écartant ainsi les hommes nouveaux que Staline avait promus au cours des mois précédents. La première place dans la nouvelle hiérarchie revient à Malenkov, à qui échoient la présidence du Conseil des ministres et la direction du Secrétariat du Comité central. Malenkov est assisté de quatre vice-présidents : Beria, confirmé à la tête d'un ministère de l'Intérieur réunifié et donc encore plus puissant (le MVD absorbant le MGB), Molotov (Affaires étrangères), Boulganine et Kaganovitch. Quant à Khrouchtchev, il occupe la seconde place au Secrétariat du Comité central.

Cette répartition hâtive, qui favorise la troïka Malenkov-Beria-Molotov, est bientôt jugée inégale par les autres membres du Présidium. Dès le 14 mars, avant même d'avoir pu affirmer ses prérogatives, Malenkov est contraint de choisir entre ses fonctions à la tête du gouvernement et celles du Secrétariat du Comité central. Il choisit les premières, laissant à Khrouchtchev la direction de l'appareil du Parti, poste clé permettant de contrôler la carrière des secrétaires des comités régionaux du Parti, véritables « barons » du système, base et principal contingent du Comité central.

En quelques semaines, des mesures spectaculaires sont prises, annonciatrices d'un nouveau climat politique. Le secrétariat particulier de Staline est dissous et Poskrebychev disparaît. Le 27 mars, le Soviet suprême décrète une amnistie de tous les détenus dont la peine ne dépassait pas cinq ans, ainsi que de toutes les personnes condamnées pour abus de pouvoir, prévarication et abus de biens sociaux. A la suite de cette amnistie, près de 900 000 personnes — dans leur immense majorité des droits communs — sont libérées en moins de trois mois. Leur retour dans les villes suscite, chez « l'honnête citoyen soviétique », un véritable vent de panique. Par son ampleur, l'amnistie prend le système judiciaire et policier au dépourvu. Voyant dans cette mesure soudaine le signe d'un « cours nouveau », juges et policiers baissent les bras, les tribunaux condamnent moins, les crimes de sang et le banditisme augmentent brutalement — l'été 1953 marque incontestablement la fin d'un certain « ordre stalinien ».

Autre mesure qui bouleverse la population : le 4 avril, la Pravda annonce que « l'affaire des médecins » avait été montée de toutes pièces par la police politique. Et le communiqué émane du ministère de l'Intérieur, le MVD, dirigé désormais par Beria ! Quelques jours plus tard, le 10 avril, une résolution du Comité central du Parti condamne les « nombreuses violations de la légalité socialiste » dont s'étaient rendus coupables les organes de la sécurité d'Etat. Il ressort de ce texte que « l'Affaire des médecins » n'avait pas été un accident isolé ; que la police politique s'était arrogé des pouvoirs exorbitants et que désormais le Parti était décidé à reprendre les choses en mains.

L'espoir engendré par ces textes suscite de nombreuses réactions : les parquets sont submergés de demandes de réhabilitation ; des émeutes éclatent dans les « camps spéciaux », notamment à Norilsk et à Vorkouta (mai-juin 1953), où les « politiques » protestent violemment contre leur exclusion de l'amnistie.

Le désarroi général d'une population désorientée par la mort du « Guide suprême » s'accroît encore quand il apparaît que c'est Beria lui-même qui semble en passe de prendre la tête du combat pour le rétablissement de la « légalité socialiste »! Mué en « libéral », Beria a beau jeu de rejeter la responsabilité de « l'affaire des médecins » sur Ignatiev et Rioumine, qu'il fait arrêter. Au nom de la « défense des nationalités », il purge le PC de Georgie de tous les protégés de Staline, met en avant (notamment en Ukraine) les cadres des républiques non russes, dans l'espoir de se gagner une nouvelle clientèle. Son « libéralisme », comme le montrent certains documents d'archives récemment exhumés, s'exerce même dans le domaine de la politique étrangère. Le 2 juin 1953, Beria fait adopter par le gouvernement soviétique un mémorandum sur « la situation politique en RDA », dans lequel il prône notamment « l'abandon de la construction forcée du socialisme » dans ce pays, de manière à préparer les conditions d'une négociation sur la réunification de l'Allemagne. Les dirigeants est-allemands sont rapidement débordés par les manifestations de rue qui, les 16 et 17 juin, à Berlin-Est, tournent à l'émeute antisoviétique et anticommuniste, écrasée aussitôt par les chars soviétiques.

Les événements de Berlin-Est et, bien plus encore, la crainte de voir Beria élargir ses influences et ses clientèles bien au-delà de l'appareil omnipotent de la police politique, poussent les autres dirigeants soviétiques, appuyés par les chefs militaires, désireux de voir l'armée retrouver sa prééminence sur la sécurité d'Etat, à se coaliser contre Beria. Celui-ci est arrêté lors d'une réunion du Présidium convoquée à la hâte le 26 juin 1953. Cette arrestation — opération assez risquée pour ses promoteurs, Khrouchtchev en tête, étant donné la puissance de l'appareil policier, dont des centaines de dirigeants furent internés dans les jours qui suivirent — est formellement approuvée par les 216 membres du Comité central réunis en plénum du 2 au 7 juillet, et informés, au cours d'une session secrète des « activités criminelles de Beria », tour à tour qualifié d' « espion au service de la Grande-Bretagne », de « contre-révolutionnaire », d' « agent de l'ennemi de classe ». Ce n'est qu'après cette procédure que la presse est autorisée enfin, le 10 juillet, à annoncer l'arrestation de l'ex-ministre de l'Intérieur. Officiellement, Beria est exécuté le 24 décembre 1953, à l'issue d'un procès à huis-clos. Selon d'autres versions, il aurait été abattu aussitôt après son arrestation.

Les conditions de la chute de Beria, la dissimulation de son exécution sommaire derrière une fausse instruction et un faux procès, les chefs d'accusation fantaisistes, dans la plus pure tradition stalinienne, retenus contre lui, témoignent de la complexité de la situation politique de l'été 1953, des difficultés de passer à un système où l'arbitraire céderait le pas à la légalité. La toute-puissance de la sécurité d'Etat ne laisse en effet aux adversaires de Beria d'autre issue que celle du complot et de l'exécution immédiate du chef de la police, qui seule pouvait couper court à toute tentative de ses partisans d'organiser un contre-complot.

L'élimination de Beria est suivie d'un profond remaniement du ministère de l'Intérieur (MVD), qui perd notamment la gestion des camps, le Goulag relevant désormais du ministère de la Justice. Les « troïkas » — tribunaux spéciaux jugeant les affaires relevant de la police politique — sont supprimées. En mars 1954, la police politique est réorganisée en organisme autonome sous le nom de « Comité à la sécurité d'Etat » (KGB), placé sous l'autorité du général Serov, proche de Khrouchtchev.

Tandis que le nom de Staline disparaît de la vie publique, que les médias débordent d'articles sur le

« rétablissement de la légalité socialiste », des interrogations iconoclastes commencent à apparaître dans des essais, tel celui du critique V. Pomerantsev *(De la sincérité en littérature)* publié dans la revue *Novyi Mir* en décembre 1953, ou des romans, comme *Le dégel* d'Ilya Ehrenbourg (publié dans la revue *Znamia* en avril 1954). Que fallait-il dire du passé ? Quelle était la mission des intellectuels, le rôle de l'écrivain ou de l'artiste dans le système soviétique, pourquoi et comment la vérité avait-elle été éclipsée par le mensonge ? Mais le « dégel » reste timide : malgré deux nouveaux décrets d'amnistie (5 juillet et 13 août 1954), permettant la libération de certaines catégories de « déplacés spéciaux », les « politiques » restent consignés au Goulag. En mai-juin 1954, de nouvelles révoltes, notamment à Kenguir (Kazakhstan), témoignent de la tension croissante dans les camps, où près de deux millions de prisonniers attendent leur libération.

II. — Les débats économiques et sociaux : l'émergence du projet khrouchtchévien

Après la chute de Beria, les luttes de succession mettent aux prises Malenkov et Khrouchtchev, qui s'affrontent sur deux terrains : l'économie et le degré de participation sociale aux changements en cours. En matière économique, Malenkov défend (discours du 12 août 1953 devant la session du Soviet suprême) une stratégie de développement de l'industrie légère, permettant une baisse des prix des biens de consommation. Khrouchtchev, de son côté, conscient des immenses problèmes que connaît le secteur agricole, insiste davantage sur la nécessité de développer l'agriculture, répondant ainsi à la demande la plus urgente d'une population confrontée au problème endémique du ravitaillement. Cette politique passe par un relèvement important des prix d'achat, par l'Etat, des productions des kolkhozes, au bord de la faillite, et par une extension rapide des emblavures, seule manière d'assurer une croissance rapide de la production agricole. La mise en valeur des terres vierges du Kazakhstan, de l'Oural et de la Sibérie assurant d'importantes commandes en machines agricoles à l'industrie, Khrouchtchev se pose habilement, par cette nouvelle « alliance » agriculture-industrie lourde, en défenseur des intérêts de la majorité de la population et de ceux du puissant lobby industriel. En s'attaquant résolument, dès l'été 1953, au problème de fond de l'économie soviétique, il acquiert ainsi un avantage politique sur son principal rival, Malenkov.

Dressant devant le Comité central, réuni en plénum en septembre 1953, un tableau très sombre de la situation agricole, Khrouchtchev fait adopter un substantiel relèvement des prix payés par l'Etat aux kolkhozes (+550% pour la viande, +200% pour le lait et le beurre, +50% pour les céréales), mesure indispensable pour éviter un effondrement complet d'une agriculture ponctionnée à des prix qui n'avaient pas été relevés depuis près de quinze ans. Ces hausses s'accompagnent d'une réduction des livraisons obligatoires, de la suppression des dettes des kolkhozes, de l'abaissement des taxes sur les lopins individuels et sur le produit des ventes au marché libre. Après des décennies de baisse, le revenu des kolkhoziens augmente jusqu'en 1957-1958.

Quelques mois plus tard (début mars 1954), Khrouchtchev fait entériner, par le Comité central, un vaste projet de mise en valeur des « Terres vierges » du Nord-Kazakhstan, de Sibérie, de l'Altaï et du sud de l'Oural. En trois ans, 37 millions d'hectares — 30% de la superficie cultivée jusqu'alors en URSS — sont mis en valeur par des centaines de milliers de jeunes mobilisés pour l'occasion, komsomols ou détenus. Initialement, ce programme apparaît comme une réponse à court terme aux insuffisances de la production céréalière, une manière extensive d'utiliser pour un temps des terres potentiellement très riches. Après une mauvaise récolte (1954) due à une forte sécheresse, le pari des « terres vierges », est, pendant quelques années, payant. En 1956, année record pour la production céréalière (125 Mt), la part des « terres vierges » représente 50% de la récolte totale. Rapidement, cependant, l'opération s'avère difficile à gérer : les zones de production, de plus en plus éloignées des zones de consommation, soumises de surcroît à des conditions climatiques très instables (sécheresse de 1963), nécessitent des investissements (en infrastructures et en engrais) de plus en plus lourds et posent de gros problèmes d'acheminement des produits sur un réseau de transports saturé.

A partir de 1955, Khrouchtchev lance une nouvelle mobilisation, celle du maïs. En deux ans (1955-1957), 18 millions d'hectares sont ensemencés, y compris dans des régions peu propices à la culture de cette plante censée résoudre le grave problème fourrager. Déjà s'affirment ces actions désordonnées, ces mobilisations intempestives autour d'un projet-fétiche, qui marquent profondément les « années Khrouchtchev ».

Tout en capitalisant à son profit les premiers résultats, encourageants, des réformes dans l'agriculture — la production agricole s'accroît globalement de 25% entre 1953 et 1956, ce qui contribue à l'affirmation de Khrouchtchev comme leader incontesté du Parti à la veille du XXe Congrès — le Premier secrétaire tente de promouvoir un nouvel activisme social censé révéler les « inépuisables réserves de productivité » des travailleurs soviétiques. Cette politique populiste passe notamment par la revitalisation des syndicats (le premier congrès des syndicats depuis la guerre se réunit en juin 1954), la mise en place de pratiques de médiation, la dépénalisation des relations de travail, l'abandon des formes les plus criantes de coercition, la « participation des travailleurs au maintien de l'ordre ». Les « conférences de production », tombées en désuétude à la fin des années 1920, sont réinstaurées. Les « lois scélérates » de 1938-1940, instituant la responsabilité pénale pour les retards, les absences et les départs injustifiés sont abolies, avec, pour principale conséquence, un accroissement considérable de la mobilité de la main-d'œuvre (pour la seule année 1956, près d'un tiers des ouvriers changèrent de lieu de travail). La mise en place des « droujines », ces milices populaires placées sous l'autorité d'un représentant du Parti, illustre le nouveau style de « mobilisation des masses » — n'était-ce pas désormais à « l'Etat du peuple tout entier » d'assurer la sécurité de ses citoyens toujours soucieux d'ordre?

Plus de participation, plus de mobilité, un assouplissement certain des contrôles policiers — autant d'éléments d'un « cours nouveau », apprécié surtout par le petit peuple dans la mesure où il s'accompagne d'une amélioration de la situation matérielle. Pendant cinq années consécutives (1953-1958), le niveau de vie des travailleurs salariés urbains progresse, tant au niveau des salaires (+6% par an en moyenne), que de la consommation (fruits frais : +340%, viande : +50%). La durée hebdomadaire du travail passe de quarante-huit à quarante-deux heures; les âges de la retraite sont abaissés à 60 ans (hommes) et 55 ans (femmes). Enfin, la construction de logements, totalement négligée sous Staline, connaît un essor considérable. En dix ans (1955-1964), le parc immobilier urbain s'accroît de 80%. Ces améliorations dans la vie quotidienne de dizaines de millions de Soviétiques contribuent à l'ascension politique de Khrouchtchev, qui réussit habilement à s'identifier à cette politique nouvelle de développement de la consommation, de forte croissance et de relâchement des pratiques coercitives qui avaient marqué toute la vie sociale jusqu'en 1953.

Tous ces changements sont désormais solennellement entérinés par les instances dirigeantes du Parti, auxquelles les successeurs de Staline jugent bon de redonner un rôle politique. A partir de l'été 1953, le

Comité central redevient, comme dans les années 1920, une sorte de « parlement soviétique », devant lequel sont exposés les différends entre les membres du Présidium. Dans ce contexte, les fonctions de Khrouchtchev à la tête des nominations des appareils du Parti s'avèrent décisives. Entre 1953 et 1956, il renouvelle 45 des 84 premiers secrétaires de république ou de région. S'appuyant sur une clientèle politique formée des apparatchiki régionaux, Khrouchtchev prend ainsi progressivement un avantage décisif sur Malenkov. Le plénum du Comité central de janvier 1955 critique sévèrement celui-ci pour ses erreurs dans la politique agricole au début des années 1950 et ses « tendances droitières ». Le 8 février 1955, Malenkov est contraint de présenter sa démission devant le Soviet suprême, et de céder la direction du gouvernement à Boulganine. Le mois suivant, un autre stalinien endurci, Lazar Kaganovitch, est écarté de la direction de la planification industrielle. Quant à l'inamovible ministre des Affaires étrangères de Staline, Viatcheslav Molotov, il est contraint de reconnaître publiquement sa « position erronée » dans le domaine des relations internationales (hostilité à la réconciliation soviéto-yougoslave) au plénum du Comité central de juillet 1955, et faire son autocritique (octobre 1955) dans la revue *Kommounist*, pour avoir déclaré que l'URSS n'avait encore fait que « poser les bases » d'une société socialiste. Pour Khrouchtchev, au contraire, le pays était déjà en train d'opérer le passage du socialisme au communisme.

III. — **Les changements en politique extérieure**

Les luttes de succession entre les « héritiers de Staline » ont des incidences sur la politique extérieure soviétique, marquée par des tâtonnements, l'empirisme, voire l'incohérence d'une diplomatie consciente à la fois des impasses de la guerre froide et de la nécessité de chercher de nouveaux moyens de manœuvre sur la scène internationale.

Au cours des années 1953-1956, la politique extérieure soviétique s'oriente vers l'instauration progressive de relations privilégiées avec la Chine, la réconciliation avec la Yougoslavie, la recherche empirique d'une détente avec l'Occident, l'établissement de contacts avec les pays neutres du Tiers Monde.

Le 26 mars 1953, l'URSS signe avec la Chine un important accord de coopération s'engageant à lui fournir une aide substantielle pour la mise en œuvre de près de 150 complexes industriels. En octobre 1954, Khrouchtchev, Boulganine et Mikoïan se rendent à Pékin pour compléter cet accord par l'octroi de nouveaux crédits. Ils s'engagent à évacuer Port-Arthur et Daïren, à céder tous leurs intérêts économiques en Mandchourie. Le PCC obtient du PCUS la reconnaissance d'une sorte de « condominium » sur le mouvement communiste international : accord préalable sur les questions d'intérêt commun et division du travail en politique extérieure, la Chine s'estimant mieux placée pour soutenir les mouvements de libération nationale dans le Tiers Monde.

Chinois et Soviétiques coopèrent étroitement, et sur un pied d'égalité, à la résolution de deux graves crises internationales : la guerre de Corée et la guerre d'Indochine. A la conférence de Genève, Chinois et Soviétiques, soucieux d'aboutir, exercent une influence modératrice sur la délégation vietnamienne. Cette nouvelle façon de traiter la Chine en allié privilégié contribue incontestablement à l'assainissement des relations sino-soviétiques qui, rétrospectivement, ne furent jamais aussi bonnes que durant cette période (1954-1956).

Vis-à-vis de la Yougoslavie, la rupture avec l'héritage stalinien est brutale. En décembre 1953, parmi les accusations formulées officiellement contre Beria figurait encore la « tentative d'établir des contacts avec la clique titiste ». Dès l'été 1954, cependant, Khrouchtchev commence, malgré l'opposition de Molotov, à préparer le rapprochement avec Tito. Celui-ci est concrétisé lors de la venue, à Belgrade, du 26 mai au 3 juin 1955, de Khrouchtchev, Boulganine et Mikoïan. A l'issue d'une semaine de négociations serrées, Tito obtient pleine et entière satisfaction. La déclaration commune publiée le 2 juin 1955 proclame que « les questions d'organisation internes, de systèmes sociaux et des différentes formes du développement socialiste regardent exclusivement les peuples des différents pays ». La réconciliation soviéto-yougoslave introduit un pluralisme de fait au sein du bloc de l'Est. Pour les Etats de l'Europe de l'Est qui s'étaient vu imposer le modèle soviétique comme seule voie socialiste possible, la reconnaissance, même circonspecte, de la légitimité de la voie yougoslave par l'URSS ouvre la voie à de profondes remises en cause.

Dans le domaine des relations Est-Ouest, les nouveaux dirigeants soviétiques esquissent — à des degrés divers, Molotov se montrant beaucoup plus réticent que Khrouchtchev — une détente. Celle-ci se manifeste dans leur empressement de mettre fin à la guerre de Corée, comme dans leur volonté d'aboutir dans les négociations de Genève. Mais le principal problème des relations Est-Ouest reste celui du réarmement de l'Allemagne. L'URSS redoute particulièrement les projets occidentaux d'une communauté européenne de défense (CED), qui auraient intégré les armées européennes et à laquelle l'Allemagne de l'Ouest aurait pris part. Si le projet de Communauté européenne de défense échoue finalement, au grand soulagement de Moscou, en raison de l'opposition de la France, les accords de Paris d'octobre 1954 scellent l'inclusion de l'Allemagne de l'Ouest dans l'organisation militaire de l'Alliance atlantique. En réponse à cette initiative occidentale, l'URSS convoque à Varsovie, en mai 1955, une conférence des pays de l'Europe de l'Est, pour procéder à la création du Pacte de Varsovie. Ce pacte institutionnalise les rapports entre l'URSS et ses satellites, qui avaient reposé jusque-là sur la seule autorité incontestée de Staline et sur des accords bilatéraux, et légalise, sur le long terme, la présence des troupes soviétiques en Europe de l'Est, facteur qui devait s'avérer d'une importance décisive dans les moments de crise interne qu'allait connaître la région.

Le lendemain de la signature du Pacte de Varsovie, le 15 mai 1955, l'URSS, les Etats-Unis, la Grande-Bretagne et la France signent le « Traité d'Etat » avec l'Autriche. Par ce traité, l'URSS accepte de retirer ses troupes d'Autriche. L'Autriche, de son côté, s'engage à pratiquer la plus stricte neutralité ; toutefois son appartenance à l'ONU et au Conseil de l'Europe est reconnue. Ce traité contribue à atténuer la tension Est-Ouest, même si l'échec — en juillet 1955 — de la conférence « au sommet » de Genève[1] révèle qu'un accord global et durable entre les deux camps demeure un objectif encore irréalisable. Deux mois plus tard, le voyage à Moscou du chancelier Adenauer, qui établit des relations diplomatiques entre l'URSS et la RFA, témoigne cependant de la vigueur de « l'esprit de Genève », un état d'esprit qui devait déboucher, au XXe Congrès du PCUS (février 1956) sur la théorie de la « coexistence pacifique ».

Dans le schéma d'un monde bipolaire partagé en deux camps antagonistes, les Etats nouvellement indépendants du Tiers Monde ne se voyaient attribuer aucune place ou rôle significatifs. A partir de 1954-1955, la diplomatie soviétique commence à reconnaître cependant une certaine valeur au neutralisme. Le rapport des forces entre les deux camps ne permettant pas d'entrevoir une expansion, à court terme, du système

1. Première réunion de cette envergure depuis la Conférence de Potsdam, elle rassemble Khrouchtchev, Molotov, Joukov et Boulganine du côté soviétique, Eisenhower, Eden et E. Faure du côté occidental.

socialiste mondial, il paraît opportun aux dirigeants soviétiques d'encourager la volonté d'indépendance des pays neutres qui refusent de s'intégrer aux alliances militaires recherchées par les Etats-Unis. C'est ainsi qu'à l'automne 1955 Khrouchtchev et Boulganine se rendent en Inde, en Birmanie et en Afghanistan, accordant à ces pays d'importants crédits destinés au développement des économies locales. Néanmoins, les non-alignés, réunis à Bandoeng en avril 1955, demeurent assez réticents vis-à-vis de l'URSS, qui n'est pas invitée à cette conférence fondatrice, malgré sa prétention affichée d'être un Etat « partiellement asiatique ». La Chine, en revanche, joue un rôle de plus en plus actif d'intermédiaire entre l'URSS et certains pays non alignés, en particulier l'Egypte. L'accélération, dans la seconde moitié des années 1950, du processus de décolonisation ouvre à la fois un champ nouveau d'action pour la diplomatie soviétique et contribue à multiplier les sujets de friction entre l'URSS et la Chine.

IV. — Le XXe Congrès : les débuts d'une déstalinisation contrôlée

Le XXe Congrès du PCUS, auquel participent les délégués de 55 partis communistes étrangers et 1 436 délégués du PCUS, se réunit le 14 février 1956, huit mois avant la date réglementaire, pour faire le point sur le chemin parcouru depuis la mort de Staline et entériner les évolutions et les ruptures qui s'étaient produites au cours des trois dernières années.

Plaçant le rapport général sous l'invocation du léninisme, Khrouchtchev souligne l'importance de la détente internationale, fondée sur une nouvelle « ligne générale de la politique extérieure de l'URSS » — la « coexistence pacifique ». Grâce au nouveau rapport de forces dans le monde, favorable au socialisme, la conquête du pouvoir dans les « régimes bourgeois » semble désormais pouvoir s'opérer par la voie légale.

Khrouchtchev reconnaît — autre rupture capitale avec la théorie et la pratique staliniennes — le pluralisme des voies au socialisme, selon les conditions propres à chaque peuple.

Sur le plan politique et idéologique, le discours de Khrouchtchev reste néanmoins assez prudent. Il se borne à un bref rappel des crimes commis par la « clique de Beria » et à l'apologie de la direction collégiale. « Rétablir et consolider le principe léniniste de direction collective » — tel est le leitmotiv politique de la plupart des interventions au Congrès.

Ce qui allait faire cependant du XXe Congrès un événement majeur de l'histoire soviétique, ce fut, dans la nuit du 24 au 25 février 1956, après la clôture officielle du Congrès, la divulgation, par Khrouchtchev, devant les seuls délégués soviétiques, du « Rapport secret ». Ce texte explique comment s'était développé, imposé le « culte de la personnalité » et quelles en avaient été, pendant vingt ans, les manifestations et les conséquences. Par le « Rapport secret », les assistants prennent connaissance du « Testament » de Lénine, dont le Parti avait toujours nié l'existence. Le Rapport analyse la perversion du « centralisme démocratique » par Staline, évoque les purges et les « méthodes illégales d'instruction » qui avaient conduit de nombreux communistes aux aveux les plus insensés. Le Rapport révèle également l'incompétence de Staline « chef de guerre », responsable des désastres de 1941-1942. Il évoque le rôle de Staline dans la déportation, en 1943-1944, des peuples caucasiens injustement accusés de collaboration, dans le conflit avec Tito, dans la fabrication de faux complots, en 1948 (« Affaire de Léningrad »), 1951 (« Affaire de Mingrélie »), en 1953 (« Affaire des médecins »). Ressort de ce texte, lu quatre heures durant par Khrouchtchev, une nouvelle image de Staline — celle d'un tyran fabriquant jour après jour son culte, d'un dictateur incompétent, replié sur lui-même, « coupé de son peuple », responsable de la situation économique désastreuse de son pays en 1953.

Le Rapport manquait incontestablement de rigueur et les éléments d'information qu'il donnait était souvent approximative et partielle. Ce texte restait très sélectif — et superficiel — dans sa condamnation du stalinisme. Ce caractère sélectif apparaissait aussi bien dans la chronologie de la « déviation » stalinienne (datée de 1934, elle excluait notamment du chapitre des erreurs et des crimes la dékoulakisation et la grande famine de 1932-1933) que dans le choix des victimes mentionnées (toutes des dirigeants communistes, généralement de stricte obédience stalinienne et non les opposants, ni les simples citoyens). En circonscrivant le champ des répressions, le Rapport élude la question cruciale : celle de la responsabilité du Parti, dans son ensemble, vis-à-vis de la société. Elaboré dans la hâte, à partir d'un document de travail remis par une commission dirigée par Pospelov, responsable du fameux *Précis d'histoire du PC(b)* de 1938 et directeur de l'Institut Marx-Engels, Lénine-Staline, il marque bien les limites de ce qui pouvait être critiqué en 1956. Encore fallut-il que Khrouchtchev assumât seul — face à l'opposition de Molotov, Vorochilov et Kaganovitch, qui jugeaient dangereuse une divulgation, même limitée, du Rapport — l'initiative de lire ce texte et d'affronter les réactions — imprévisibles — des congressistes.

Dès la fin du Congrès, le texte est — toujours sur instruction de Khrouchtchev, désireux de pousser son avantage — envoyé à l'impression et largement diffusé. Dans un premier temps, il est décidé que seuls les membres du Parti en prendraient connaissance. Mais bientôt, le champ des auditeurs est élargi à tous les citoyens. Des réunions sont tenues partout, y compris dans les écoles. Ainsi, en quelques semaines, des dizaines de millions de Soviétiques entendirent ce que, le 24 février 1956, seuls devaient savoir les communistes les plus éminents et les plus avertis. Les réactions, comme en témoignent les documents d'archives aujourd'hui disponibles, furent très diverses : désorientation du plus grand nombre, « suivisme » de la plupart des communistes, qui soutinrent le « cours nouveau » en espérant qu'ils ne seraient pas mis en cause pour leur activisme passé, volonté d'une petite minorité, aussitôt condamnée, d'aller plus loin dans la dénonciation du stalinisme.

V. — Du XXe Congrès à l'élimination du groupe « anti-Parti » (février 1956-juin 1957)

Au XXe Congrès, Khrouchtchev avait remporté un succès partiel, mais certain. S'il avait échoué à modifier la composition du Politburo au niveau des titulaires, il y avait fait entrer comme suppléants plusieurs de ses partisans, promus également au secrétariat du Comité central (Joukov, Brejnev, Chepilov, Fourtseva). Cependant, passé le choc du XXe Congrès, et tandis que de la société montent avec une force croissante les interrogations, la résistance à la déstalinisation s'organise, la majorité des cadres du Parti redoutant d'être un jour sommés de rendre compte de leur passé, si la déstalinisation venait à s'emballer.

Réuni en plénum, le Comité central adopte, le 30 juin 1956, une résolution très en retrait sur le « Rapport secret », intitulée « Du dépassement du culte de la personnalité et de ses conséquences », texte qui allait rester, jusqu'au XXIIe Congrès, le fondement idéologique du conservatisme poststalinien. Malgré ses « défauts personnels », ses « abus de pouvoir », Staline y était qualifié de « grand théoricien et organisateur » qui avait su « bâtir le socialisme ».

Au cours de l'été 1956, cette position conservatrice est réaffirmée et théorisée dans plusieurs articles de la revue du Comité central, Kommounist. La revue *Voprosy Istorii,* qui, depuis le XXe Congrès, était le centre d'une importante réflexion sur les origines du culte de la personnalité et les falsifications de l'histoire soviétique, fut sévèrement critiquée. A la fin du mois d'août 1956, alors que l'intelligentsia s'arrache le dernier numéro de *Novyi Mir,* dans lequel venait d'être publié le roman de Doudintsev, *L'homme ne vit pas seulement de pain*, D. Polikarpov, responsable du Département de la Culture au Comité central envoie à la direction du Parti une longue critique du *Dr Jivago*, roman que B. Pasternak avait proposé quelques mois auparavant à trois grandes revues littéraires soviétiques. Pour Polikarpov, ce livre n'était « qu'une calomnie haineuse contre toute notre vie. Ce n'est pas seulement une œuvre idéologiquement corrompue, concluait Polikarpov, c'est un livre antisoviétique ». L' « Affaire Pasternak », qui allait éclater en 1958, est déjà en gestation, et le « dégel » du printemps 1956 semble déjà fort lointain. En décembre 1956, le centenaire de Plekhanov, largement commémoré, fournit l'occasion aux nostalgiques du stalinisme de dénoncer, dans une circulaire du Comité central à toutes les organisations du Parti « les groupes sociaux hostiles au socialisme... qui veulent remettre en question, sous prétexte de déstalinisation, les acquis de la Révolution ».

Cette offensive des conservateurs survient après les graves événements qui secouent, en octobre-novembre 1956, la Pologne et la Hongrie. En Pologne, les révélations du XXe Congrès, la reconnaissance, par la direction du PCUS, de la pluralité des voies vers le socialisme ont provoqué une crise de conscience à la fois à l'intérieur du Parti et de la société en général. Des émeutes antistaliniennes et antisoviétiques éclatent, en juin 1956, à Poznan. A la mi-octobre, E. Ochab, qui avait succédé à Bierut à la tête du Parti polonais, est contraint, sous la pression de l'opinion publique, de céder son poste à Gomulka, dirigeant communiste emprisonné sous Staline et devenu le champion d'une « voie polonaise vers le socialisme ». Le 19 octobre, Khrouchtchev, accompagné de Molotov, Mikoïan et Boulganine, se rend à Varsovie pour tenter de renverser la situation, au moment même où le Comité central du Parti communiste polonais s'apprête à entériner la nomination de l'équipe Gomulka. Après avoir ordonné un mouvement de chars soviétiques sur Varsovie, Khrouchtchev décide, *in extremis,* de composer avec la nouvelle équipe polonaise. Les dirigeants soviétiques acceptent les revendications des Polonais à l'exercice de leur souveraineté nationale, le départ du maréchal-ministre de la Défense Rokossovski, ainsi que des conseillers soviétiques, en échange du maintien de la Pologne dans le cadre du système des démocraties populaires (parti unique et appartenance au bloc stratégique soviétique). La reculade soviétique porte sérieusement atteinte, parmi les cadres du PCUS, au prestige de Khrouchtchev.

La crise fut néanmoins encore beaucoup plus grave en Hongrie, où aucun compromis ne put être trouvé.

Encouragés par l'exemple polonais, les Hongrois se soulèvent les 22-24 octobre 1956, réclamant l'instauration de la démocratie et le retrait des Soviétiques. Après une première intervention, limitée, des troupes soviétiques, Mikoïan et Andropov (ambassadeur d'URSS à Budapest) négocient un accord aux termes duquel Imre Nagy prenait la direction du gouvernement et Janos Kadar celle du Parti. Mais le mouvement populaire, à la fois anticommuniste et antisoviétique, déborde rapidement le gouvernement Nagy, qui n'a d'autre solution que de prendre la tête de cette révolution. Le 1er novembre, le gouvernement annonce le rétablissement du pluralisme politique, le retrait de la Hongrie du Pacte de Varsovie et proclame la neutralité du pays. Soutenus par l'ensemble des pays du « camp socialiste » (y compris la Yougoslavie et la Chine), les Soviétiques réoccupent Budapest, à partir du 4 novembre, au prix de combats acharnés (20 000 morts du côté des insurgés). Nagy, d'abord réfugié à l'ambassade yougoslave, est enlevé le 21 novembre et transféré en Roumanie, où un tribunal militaire soviétique le condamne à mort. Absorbées par la crise de Suez, les Puissances occidentales demeurent passives, montrant ainsi qu'elles acceptent tacitement le partage de l'Europe et qu'elles ne sont pas prêtes à s'immiscer dans les affaires du « camp socialiste ».

Le « syndrome hongrois » eut de profondes répercussions sur une partie de l'intelligentsia russe qui avait fondé de grands espoirs dans la déstalinisation amorcée au début de 1956, et fournit, par ailleurs, des arguments aux adversaires de la déstalinisation. Après la crise hongroise, la position de Khrouchtchev s'affaiblit. Le retour de Molotov au gouvernement (écarté en juin 1956 de son poste de ministre des Affaires étrangères, il fut rappelé en novembre en qualité de ministre du Contrôle d'Etat) montre que la direction du Parti hésite sur la direction à donner au cours politique. En décembre 1956, le plénum du Comité central, averti des difficultés que rencontre l'exécution du VIe Plan, révise à la baisse les indicateurs de croissance et approuve la création d'un nouvel organisme de planification, la Commission économique d'Etat, chargée de présenter, sous la direction de Pervoukhine, un rapport sur le « perfectionnement de l'organisation de l'industrie ». Instrument de centralisation, cette commission va à l'encontre des schémas décentralisateurs soutenus par Khrouchtchev, révélant une fois de plus les tâtonnements et les incertitudes du groupe dirigeant sur la poursuite des réformes. Au plénum du Comité central des 13 et 14 février 1957, Khrouchtchev développe un projet de décentralisation économique en totale contradiction avec celui préparé par la commission Pervoukhine : suppression des ministères industriels, forte réduction des administrations centrales au profit de nouveaux centres de décision régionaux, les sovnarkhozes. Ne se décidant pas à trancher entre centralisateurs et décentralisateurs, les organes dirigeants laissent, plusieurs mois durant, le débat se dérouler dans la presse, tandis que le Premier secrétaire multiplie les interventions dans le pays, sans cacher les discordances au sommet.

Le 10 mai 1957, Khrouchtchev marque un point important : sur sa proposition, le Soviet suprême vote la création des sovnarkhozes et la suppression de dix ministères industriels. Le 22 mai, Khrouchtchev prononce à Léningrad un important discours, qui annonce à la fois une politique volontariste de « bond en avant » (« Rattraper et dépasser les Etats-Unis ! ») et la poursuite de la décentralisation.

Contre une politique économique perçue comme une succession désordonnée d'initiatives contradictoires, dont le seul point commun était de heurter de front la bureaucratie, se constitue un front d'opposants. A la faveur du voyage de Khrouchtchev en Finlande, ses collègues décident de convoquer le Présidium. Au cours de la réunion qui se tient le 18 juin 1957, sept des onze titulaires (dont Malenkov, Molotov, Kaganovitch, Vorochilov et Boulganine) réclament la démission de Khrouchtchev. Minoritaire, Khrouchtchev exige, comme l'y autorise le règlement interne, au nom des principes léninistes du centralisme démocratique, que le conflit au sein du Présidium soit soumis au Comité central, instance suprême du Parti, dont émane le Présidium. Grâce à l'appui — décisif — du maréchal Joukov, qui organise le transport, par avions militaires, des membres du CC dispersés à travers tout le pays, le Comité central peut se réunir dès le 22 juin. Promu au rôle d'arbitre, conscient de l'importance que l'initiative de Khrouchtchev lui confère, le Comité central se montre favorable au Premier secrétaire. Après deux jours de débats, le CC renverse le vote du Présidium et condamne les « activités fractionnistes du groupe anti-Parti ». Molotov, Malenkov, Kaganovitch et Sabourov sont exclus du Présidium et du CC. Le nouveau Présidium est élargi à quinze membres, par l'accession au rang de titulaire des suppléants

(Joukov, Brejnev, Chvernik, Fourtseva) qui avaient soutenu Khrouchtchev.

Temps fort de la déstalinisation, la crise de juin 1957 consacre des pratiques politiques nouvelles. Les vaincus ne perdent ni la vie, ni la liberté (Malenkov est envoyé diriger une centrale électrique en Sibérie, Molotov est nommé ambassadeur en Mongolie), tandis que le Comité central retrouve la plénitude de ses pouvoirs.

Néanmoins, le rôle décisif joué par le maréchal Joukov dans le règlement de la crise de juin 1957 le rend rapidement suspect aux yeux de Khrouchtchev et du pouvoir civil. Khrouchtchev met à profit un voyage du maréchal à l'étranger pour poser devant le Présidium la question du « culte de la personnalité de Joukov et de sa tendance à l'aventurisme, ouvrant la voie au bonapartisme ». Réuni fin octobre 1957, le plénum du CC décide de retirer au maréchal Joukov toutes ses fonctions politiques. Le vainqueur de Berlin est contraint, en outre, de faire son autocritique (publiée dans la *Pravda* du 3 novembre 1957), s'accusant d'avoir voulu « soustraire l'armée au contrôle du Parti ». Le ministère de la Défense passe au maréchal Malinovski, apparenté à Khrouchtchev. En mars 1958, Khrouchtchev met à profit les élections au Soviet suprême pour évincer Boulganine et prendre sa place à la tête de l'Etat.

Le cumul (que Staline avait réalisé de 1940 à 1953), au profit de Khrouchtchev, de la direction du Parti et de l'Etat, marque la fin de la collégialité, dont les vertus politiques avaient pourtant été solennellement affirmées, au nom du dogme léniniste, au XXe Congrès. Néanmoins, la prééminence de Khrouchtchev, affirmée après cinq années de luttes de succession, apparaît largement tempérée par le rôle grandissant du Comité central et d'une nomenklatura enfin à l'abri de purges menaçant chacun dans sa vie même. Sur ce point capital, la rupture avec le stalinisme semble bien consommée.

Chapitre II

LIMITES ET DÉRAPAGES DU PROJET KHROUCHTCHÉVIEN (1958-1964)

Les années 1958-1964 apparaissent, après cinq années de forte croissance, comme des années de difficultés économiques, puis de crise. Le pouvoir politique tente d'y remédier par des mobilisations de plus en plus désordonnées, par une politique extérieure volontariste alternant fanfaronnades et reculades, par la réactivation du grand mythe — la construction du communisme athée. Face à ces sollicitations, la société répond avec apathie et scepticisme. Quant à la bureaucratie, bousculée par des réformes intempestives, elle finit par s'unir dans un front conservateur qui, en octobre 1964, renverse, à l'occasion d'une « révolution de palais », un Premier secrétaire de plus en plus déconsidéré.

I. — Campagnes, mobilisations, réformes et libérations

S'adressant, le 22 mai 1957, à une assemblée de responsables kolkhoziens, Khrouchtchev lance un slogan qui allait devenir célèbre : « Rattraper et dépasser les Etats-Unis ! » En l'occurrence, il ne s'agissait que de concurrencer ce pays que dans deux domaines particuliers, la production de viande et celle de lait. Mais ce discours annonce une politique volontariste de « bond en avant », dont l'histoire soviétique avait déjà démontré les dangers et les excès. La fixation d'objectifs irréalisables, censés déboucher sur une société d'abondance, la société communiste, mythe central de la fin des années cinquante et du début des années soixante, témoigne de la permanence des méthodes volontaristes de mobilisation, génératrices de coercition, héritées des années 1930. La volonté d'obtenir au plus faible coût et le plus rapidement possible des résultats spectaculaires par des méthodes dans le droit fil des pratiques staliniennes entraîne aussitôt des initiatives de plus en plus aventurées, des réformes administratives irréfléchies, des dérapages économiques et sociaux qui révèlent rapidement les limites du projet khrouchtchévien.

La fin des années 1950 est marquée, notamment dans le secteur clé de l'agriculture, par une série de réformes administratives et de « campagnes » (« fièvre du maïs », « campagne de viande de Riazan », « records laitiers »). En l'absence d'une réelle politique d'investissements dans le secteur agricole (due à un problème de financement, l'Etat hésitant à répercuter sur les prix de détail les hausses accordées à la production depuis 1953-1954), deux réformes administratives sont lancées, afin d'améliorer le fonctionnement de l'agriculture. La première est la liquidation des MTS. Mais en imposant à tous les kolkhozes l'achat — immédiat — du parc de machines et tracteurs des MTS, l'Etat épuise les ressources financières que les kolkhozes avaient réussi à reconstituer depuis 1954 grâce aux hausses des prix à la production. Par ailleurs, la dissolution des MTS entraîne le départ vers les villes de la plupart des techniciens, qui redoutaient d'être assimilés aux kolkhoziens, et la dégradation rapide d'un matériel qui n'était plus entretenu. Pour la première fois depuis la fin des années 1920, le parc des machines agricoles diminua dans les années 1958-1961. La seconde réforme porte sur la poursuite du regroupement des kolkhozes (83 000 en 1955, 68 000 en 1957, 45 000 en 1960). Dans le droit fil de l'utopie des « agrovilles » du début des années 1950, ce regroupement répond à un projet de constitution de larges « fédérations kolkhoziennes » capables d'impulser une véritable intégration industrielle et d'assurer aux « kolkhoziens-ouvriers » un « nouveau mode de vie », où les différences entre villes et campagnes seraient abolies. Dans des campagnes clochardisées, profondément marquées, depuis trois décennies, par une politique impitoyable de prélèvement autoritaire de la majeure partie de la production agricole, les tentatives de réforme butent sur le scepticisme général et sur un « style de commandement » qui n'a guère changé depuis les années staliniennes.

Un épisode révélateur — la « campagne de viande de Riazan » — mit en évidence, en 1959-1960, les conséquences désastreuses auxquelles aboutissait la persistance des méthodes volontaristes de coercition liée à la « course aux records ». Lors de son discours de Leningrad du 22 mai 1957, Khrouchtchev avait proposé de tripler en trois ans la production de viande du pays. Devant les faibles résultats enregistrés en 1958 (à peine 8 % d'augmentation), des instructions sont envoyées à tous les comités régionaux du Parti afin qu'ils prennent des « mesures résolues » pour augmenter sensiblement la production de viande en 1959. Le Premier secrétaire de la région de Riazan, A. N. Larionov prend alors l'engagement de « tripler » en un an, pour sa région, les livraisons de viande à l'Etat. Pour tenir ce pari irréaliste, qui fait aussitôt l'objet d'une vaste campagne dans la presse, les autorités locales ordonnent d'abattre la majeure partie des vaches à lait, du cheptel de reproduction et de « racheter » contre un reçu toutes les bêtes élevées par les kolkhoziens sur leur lopin. Ces mesures ne suffisant pas, les autorités locales font acheter du bétail dans les régions voisines, avec les fonds publics destinés à l'achat de machines, à la construction d'écoles, etc. A ce prix, le pari insensé fut tenu pour l'année 1959! Mais l'année suivante, le cheptel décimé en 1959, accusa une baisse de 65% par rapport au niveau de 1958, et la production de viande chuta de 80%. A. N. Larionov se suicida. L'application des « méthodes de Riazan », étendue, de manière plus ou moins caricaturale, à de nombreuses régions, a des résultats catastrophiques : en 1964, la production de viande est inférieure à celle de 1958. Cette affaire porte un coup sévère au prestige de Khrouchtchev et le mot d'ordre « Rattraper et dépasser les Etats-Unis ! » ne fut bientôt plus qu'un sujet de plaisanterie. Tout comme la « fièvre du maïs » du « koukourouznik » (Monsieur Maïs)! Etendue à des régions (Biélorussie, pays baltes) où il était évident que les conditions climatiques n'étaient guère propices à la culture de cette plante, la récolte du maïs fut catastrophique cinq années sur sept (1957, 1959, 1960, 1962, 1963).

Malgré ces échecs économiques, ressentis comme tels par la population à partir de 1958-1959 — moment où s'inverse la tendance et où débute un nouveau cycle économique — la seconde moitié des années 1950 allait rester dans la mémoire collective comme une période de relative libéralisation pour la majorité, et de libération impatiemment attendue depuis la mort de Staline pour tous les proscrits du régime. A l'automne 1957, un mémorable festival international de la jeunesse, organisé à Moscou, permet, pour la première fois depuis des décennies, à des dizaines de milliers de jeunes Soviétiques, certes dûment chapeautés, de rencontrer des dizaines de milliers de jeunes venus d'une centaine de pays différents. Après le XXe Congrès, des commissions spéciales de révision sont envoyées dans les camps, chargées de régler sur place les dossiers et de libérer sur-le-champ les détenus réhabilités. Plus d'un million de personnes bénéficient de ces procédures au cours de l'année 1956, année du « retour », admirablement décrite par V. Grossman dans *Tout passe*. Le Goulag se dépeuple rapidement : des 2,5 millions de détenus en mars 1953, la population moyenne descend à moins d'un million de personnes en 1957. Par ailleurs, l'immense majorité de 2,7 millions de « déplacés spéciaux » — ex-koulaks, personnes appartenant à l'un des nombreux « peuples punis » pour « collaboration avec l'ennemi » (Allemands de la Volga, Tchetchènes, Ingouches, Karatchaïs, Balkars, Tatars de Crimée, Kalmyks, etc.) et autres « nationalistes » (notamment baltes, ukrainiens) — bénéficie, entre 1954 et 1957, d'une mesure d'amnistie. Au 1er janvier 1957, il ne reste qu'un peu plus de 200 000 « déplacés spéciaux » assignés à résidence. Dans les faits, néanmoins, il subsiste souvent une grande différence entre le statut juridique et la réalité du retour. Ainsi, si les Tchetchènes, Ingouches, Balkars, Karatchaïs et Kalmouks, réhabilités en février 1957, sont autorisés à rentrer chez eux, les Allemands de la Volga et les Tatars de Crimée, dont les régions d'origine étaient désormais peuplées de Russes et d'Ukrainiens, sont contraints de rester sur leur lieu d'exil.

Le système des camps est profondément remodelé. Le camp stalinien était peuplé principalement d'« Autres » et situé « ailleurs ». Le camp poststalinien réintègre la « normalité », tant dans sa localisation spatiale, ses contingents que dans ses fonctions. Peu à peu disparaît son rôle pionnier dans la colonisation et l'exploitation des richesses naturelles du Grand Nord et de l'Extrême-Orient. Désormais, les camps se réinstallent en majorité dans la partie européenne de l'URSS. Le détenu n'est plus qu'un droit-commun (on compte moins de 2 000 « contre-révolutionnaires » condamnés par an, dont les trois quarts pour « agitation et propagande antisoviétique », dans les années 1960-1970), et l'enfermement reprend la fonction régulatrice qu'il a dans toute société, gardant ici toutefois des spécificités propres à un système qui n'est pas celui de l'Etat de droit. Aux criminels s'ajoutent, en effet, au gré de campagnes réprimant sporadiquement tel ou tel comportement soudainement jugé déviant (alcoolisme, hooliganisme, parasitisme, « esprit d'entreprise ») des citoyens « ordinaires ». Les fonctions du camp changent, elles aussi. Les grands ensembles de production d'importance nationale, les immenses complexes pénitentiaires staliniens se fragmentent et s'intègrent dans l'économie locale. Les détenus ne sont plus les instruments d'un « grand projet ». Ils deviennent un appoint de main-d'œuvre bon marché, peu exigeante pour des entreprises en manque permanent de bras.

De nouveaux « fondements du droit pénal socialiste » sont définis par le Soviet suprême, en décembre 1958. Ils font notamment disparaître les abus les plus criants de la législation pénale de l'ère stalinienne. La notion d' « ennemi du peuple » est abolie ; l'âge de la responsabilité pénale est relevé de 14 à 16 ans ; les juridictions d'exception retrouvent un caractère réellement exceptionnel.

Toutes ces mesures marquent une rupture avec les pratiques en vigueur depuis les années 1930. Néanmoins, le « dégel » reste dans bien des domaines, très fragile. La politique du pouvoir vis-à-vis de l'intelligentsia illustre clairement les ambiguïtés et les limites d'une libéralisation sous haute surveillance.

II. — Les limites du dégel culturel

Sur le plan des perspectives créatrices ouvertes à l'intelligentsia, le XXe Congrès, qui, par ailleurs, ouvrait tant d'espérances, était resté assez décevant. La dénonciation du « culte de la personnalité » ne remet pas en question la « fonction » des intellectuels dans la société. Pour Khrouchtchev, « l'histoire, la littérature et les beaux-arts doivent refléter le rôle de V. I. Lénine et les réalisations grandioses du Parti communiste et du peuple soviétique ». Les directives sont claires : l'intelligentsia doit s'adapter au « nouveau cours » et le servir. Les « révélations » du Congrès entraînent néanmoins des révisions déchirantes parmi ceux qui s'étaient le plus compromis avec le système stalinien. A. Fadeev, Secrétaire général de l'Union des écrivains, se suicide deux mois après le Congrès. Les intellectuels se scindent en deux camps : les conservateurs (menés par Kotchetov) et les libéraux (parmi lesquels Tvardovski, ancien directeur de la revue *Novyi Mir* chassé en 1954 pour avoir publié notamment l'essai de Pomerantsev, *De la sincérité en littérature*, joue un rôle moteur). Entre ces deux groupes, Khrouchtchev mène, un temps, une politique ambiguë d'équilibre, laissant aux conservateurs le contrôle des revues *Oktiabr', Neva, Literatoura i Jizn'* et aux libéraux, *Novyi Mir* et *Iounost'*. Vis-à-vis de la musique, les autorités affichent une certaine ouverture. Sans renoncer à organiser et à encadrer le monde de l'art, elles ont beau jeu de charger Beria et Jdanov de toutes les « erreurs du passé ». Chostakovitch, Khatchatourian et les autres compositeurs condamnés en 1948-1949 retrouvent leur prestige et leur situation.

Néanmoins, l' « Affaire Pasternak » révèle les limites de la déstalinisation dans les rapports du pouvoir et des intellectuels. En 1955, Boris Pasternak avait achevé son grand roman, *Le Dr Jivago.* Au début de 1956, dans l'euphorie du XXe Congrès, il dépose le manuscrit dans les rédactions de trois revues littéraires, qui le jugent, quelques mois plus tard, impubliable. En juin 1956, Pasternak cède le roman à l'éditeur italien Feltrinelli. La parution du *Dr Jivago* en novembre 1957 et son succès immédiat aggravent la tension entre les autorités soviétiques et l'écrivain. L'attribution (23 octobre 1958) à Pasternak du prix Nobel de littérature pousse la crise au paroxysme. Le présidium du Comité central fait publier une résolution déclarant que « l'attribution du prix Nobel au roman de B. Pasternak, qui représente de façon calomnieuse la Grande révolution socialiste d'Octobre, le peuple soviétique qui l'a accomplie, ainsi que la construction du socialisme, est un acte d'hostilité et une arme brandie par la réaction internationale dans le but de raviver la guerre froide ». Pasternak est contraint de renoncer au Prix. Pour éviter d'être expulsé d'URSS, il doit adresser à la *Pravda*, le 5 novembre 1958, un texte inspiré par les autorités, dans lequel il explique que le refus venait de sa propre initiative et accuse l'Occident d'exploiter politiquement son œuvre. Quelques jours plus tôt, Pasternak avait été exclu de l'Union des écrivains à l'issue d'une séance qui rappelait les pires moments de la Jdanovschina. L'acharnement des autorités contre l'écrivain révèle à quel point les questions posées par l'œuvre et sa publication à l'étranger étaient fondamentales : elles touchent en effet au rôle traditionnel de l'écrivain russe, dépositaire de vérité, porteur d'un regard sans complaisance sur le pouvoir politique, et au monopole qu'entend se réserver le pouvoir du droit de communiquer avec le monde extérieur.

Exemplaire des limites de la déstalinisation, l' « Affaire Pasternak » inaugure une forme de mobilisation du pouvoir poststalinien contre l'intellectuel déviant, sur des thèmes (« antisoviétisme », « mépris pour le peuple russe », « attirance méprisable envers l'Occident pour de sordides intérêts matériels », etc.) qui allaient rester « opérationnels » durant un quart de siècle, dès lors qu'il s'agira de montrer du doigt des « dissidents », mais aussi les comportements de l'intelligentsia dans son ensemble.

L' « Affaire Pasternak » précipite une crise de conscience de l'intelligentsia russe, qui s'était montrée incapable de s'opposer ouvertement au pouvoir. Elle développe, chez nombre d'intellectuels qui allaient bientôt se reconnaître dans « la génération des années 1960 » *(chestidessiatniki)* un sentiment de culpabilité qui marque, pour beaucoup, le début d'une « renaissance morale ». Celle-ci s'épanouit dans des solidarités qui s'affirment au sein de « cercles informels » et de « micro-univers », autant d'espaces d'autonomie avec leurs codes et leur contre-culture où se forge une société civile encore balbutiante.

La fin des années 1950 voit la naissance des premiers samizdats. Ces revues dactylographiées naissent dans les milieux de jeunes poètes, écrivains, philosophes, historiens, participants des rassemblements du samedi de la place Maïakovski à Moscou. Depuis l'inauguration de la statue de Maïakovski, le 29 juillet 1958 — et jusqu'à leur interdiction, à la fin du mois d'octobre — ces réunions sont le lieu de rencontre privilégié de la jeune génération intellectuelle moscovite. Interdite de parole publique, elle se tourne vers l'édition clandestine. Un jeune poète, A. Guinzbourg, fonde le premier samizdat, *Syntaxis,* qui publie des œuvres interdites de Bella Akhmadoulina, V. Nekrassov, B. Okoudjava, E. Guinzbourg, V. Chalamov. Quand, en 1960, A. Guinzbourg est arrêté et condamné à deux ans de camp pour s'être livré à une « agitation visant à affaiblir le système soviétique », d'autres jeunes intellectuels prennent la relève, avec d'autres revues éphémères. Ainsi apparaît, à la fin des années 1950, la première génération de « dissidents », celle des Galanskov, Boukovski, Backstein, Kouznetsov.

Tandis qu'apparaissent ces mouvements marginaux, une réforme du système éducatif provoque un profond mécontentement des couches plus larges de la population, et notamment de l'intelligentsia. Cette réforme, directement inspirée par l' « ouvriérisme » de Khrouchtchev, a pour but théorique de « renforcer les liens entre l'école et la vie ». Pratiquement, elle est censée remédier à la pénurie croissante de main-d'œuvre qualifiée et lutter contre la désaffection de l'ensemble de la société vis-à-vis des professions manuelles et techniques, dont les jeunes de tous les milieux se détournent. La loi du 24 décembre 1958 substitue à l'ancien système scolaire, qui comportait un double cursus — scolarité obligatoire de sept ans conduisant à la vie professionnelle, ou scolarité complète de dix ans — une scolarité unifiée de huit ans, au terme de laquelle les écoliers étaient contraints de travailler dans les usines ou dans l'agriculture pendant trois ans, tout en poursuivant des études s'ils le désiraient. Le passage par la production devient une condition absolue d'accès à l'université, qui doit réserver un nombre croissant de places aux « travailleurs » et établir un système complexe de passerelles entre entreprises et enseignement. Cette réforme est accueillie par une hostilité générale. Dans les couches supérieures, car les parents privilégiés refusent de voir leurs enfants partir travailler à l'usine ; dans les couches défavorisées, où l'on s'indigne de cet ouvriérisme déplacé. Quant aux chefs d'entreprise, déjà gênés par une mobilité ouvrière en forte progression depuis l'abolition des lois de 1938-1940, ils s'alarment des perspectives d'une désorganisation croissante de leurs usines, envahies d'étudiants-ouvriers ou d'ouvriers en transit vers les universités. Conçue pour rapprocher — vieux rêve de toutes les utopies — travail manuel et travail intellectuel, la réforme de décembre 1958 débouche sur des mobilisations caricaturales et des « campagnes » absurdes pour « l'union entre l'école et la vie », « la science et la vie ». Des centaines de milliers de jeunes partent en « semi-vacances » pour les terres vierges ou les chantiers de Bratsk, Krasnoïarsk ou de la Volga, tandis que scientifiques et intellectuels sont mobilisés pour des travaux manuels improductifs au détriment de leur activité professionnelle. Moins extrême — et moins violente — que la révolution culturelle chinoise, la « mini » révolution culturelle khrouchtchévienne de la fin des années cinquante procède de la même illusion. Elle a pour principal résultat d'annuler, auprès de l'intelligentsia notamment, une large part du crédit que Khrouchtchev avait gagné à l'issue du XXe Congrès.

III. — Des dérapages économiques au mythe du communisme

L'année 1958, qui marque la fin de la direction collégiale, l'achèvement, au profit de Khrouchtchev, des luttes de succession engagées cinq ans plus tôt, peut être envisagée, sur le plan politique, comme une coupure significative. Toutefois, plus pertinente encore nous apparaît cette articulation chronologique, dans une période particulièrement riche en évolutions et en ruptures dans le court terme, si on la considère sous l'angle économique. En effet, dans le cadre des cycles de l'économie soviétique mis en évidence par Jacques Sapir, deux phases du khrouchtchévisme peuvent être distinguées : celle « où les réformes ont effectivement modifié les mécanismes économiques et sociaux » (1953-1958/1959) et celle « où les dérapages conduisent à la reproduction des enchaînements du modèle volontariste, ou stalinien, de régulation » (J. Sapir). A une période de forte croissance entre 1953 et 1958/1959 succèdent des années de difficultés puis de crise. L'ensemble des indicateurs révèlent ce renversement de tendance : chute de la consommation, baisse du taux de croissance de la productivité (+ 9 % par an pour l'agriculture en 1953-1958 et + 3 % par an pour les années 1959-1964), essor incontrôlé du crédit, de la masse salariale, du flux de main-d'œuvre, développement des pénuries lié à une diminution du taux de croissance des industries de biens de consommation. La crise est particulièrement grave dans l'agriculture ; la récolte de 1963 est catastrophique, à la suite d'une « campagne de liquidation de la jachère », entreprise en 1962. Soumises à une monoculture céréalière intensive, les « Terres vierges » subissent une formidable érosion éolienne, à la suite de laquelle les rendements diminuent, en quelques années, de 65 % par rapport aux premières récoltes. Pour éviter la disette, voire la famine, l'URSS est contrainte d'acheter, en 1963, à l'étranger plus de douze millions de tonnes de céréales, au prix d'un milliard de dollars.

Les difficultés agricoles du début des années 1960 se répercutent directement sur la population urbaine. En septembre 1959, désireux de limiter les « activités privées » de toute une frange mi-citadine, mi-rurale de la population, le gouvernement décrète l'interdiction d'élever du bétail privé pour les non-kolkhoziens. Cette mesure fait monter les prix de la viande et du lait sur le marché libre, et l'Etat est bientôt obligé d'augmenter les prix à la production pour ne pas désavantager les fermes collectives. Mais, cette fois-ci, il répercute cette hausse sur les prix de vente. Le 1er juin 1962, la *Pravda* publie la décision officielle d'augmentation des prix de la viande (+30%) et du beurre (+25%). Cette mesure suscite, dans un grand nombre de villes du pays, des mouvements de protestation, notamment dans les milieux ouvriers (meetings, arrêts de travail, grèves). A Novotcherkassk, le mécontentement dégénère en une véritable émeute contre les autorités. La troupe est appelée pour rétablir l'ordre dans la ville et tire sur la foule. Vingt-trois manifestants sont tués, des dizaines de « meneurs » arrêtés, puis jugés au cours d'un vaste procès public censé démasquer les « éléments criminalo-hooligans étrangers à la classe ouvrière ». Sept ouvriers sont condamnés à mort et exécutés au terme d'une parodie de justice et d'une mobilisation (meetings, diffusion radiophonique du procès) de sinistre mémoire.

Le début du cycle économique précédemment décrit coïncide avec la réunion d'un Congrès extraordinaire (le XXIe) du PCUS, spécialement convoqué, le 27 janvier 1959, pour approuver un nouveau Plan, septennal, qui se substitue au VIe Plan quinquennal, amorcé en 1956 et soumis, depuis, à de nombreuses modifications. Le Plan septennal, ambitieux — il prévoyait une progression de 85% pour l'industrie lourde, de 62% pour l'industrie légère, de 70% pour l'agriculture, de

65 % pour le revenu national, de 40 % pour les salaires réels ! — devait permettre à l'URSS de « rattraper et de dépasser les Etats-Unis » et de devenir, en 1965, la première puissance économique du monde, tant pour le volume absolu de la production que pour la production par habitant ! Le XXIe Congrès du PCUS est marqué par l'apparition d'un nouveau mythe, celui du passage au communisme. La construction socialiste étant déclarée achevée, il s'agit désormais de se lancer dans « l'édification interne de la société communiste », qui, « à l'horizon des années quatre-vingt, assurera la pleine abondance et le bonheur de chaque citoyen soviétique ». Après un début de reconnaissance, par le XXe Congrès, de l'existence d'un passé douloureux et de problèmes réels, le XXIe Congrès paraît, une fois de plus, tourner le dos aux réalités. L'activation du mythe de « l'édification communiste » repose sur un optimisme officiel, justifié par quelques spectaculaires « avancées technologiques » soviétiques, au premier rang desquelles figurent le lancement réussi du premier spoutnik (octobre 1957) et la mise au point de missiles intercontinentaux.

Le mythe de « l'édification communiste » donne lieu à un certain nombre de campagnes idéologiques caractéristiques de la fin des années cinquante et du début des années soixante. Une dernière grande offensive anticléricale s'engage en 1957-1958. Moins violente que les précédentes (1918-1922, 1929-1930, 1936-1940) — les temps ont changé — elle associe propagande « scientifico-athée », mesures administratives (fermeture d'églises, alourdissement de l'imposition sur les serviteurs du culte) et diverses vexations des croyants (« carnavals » athées, etc.). En mars 1959, le Comité central décrète une vaste mobilisation pour la « participation des travailleurs au maintien de l'ordre dans le pays ». Au nom de « l'Etat du peuple tout entier », formule censée définir désormais la nature d'un Etat correspondant à une société sans classes à l'aube du communisme, on institue des « droujines », organisations de « volontaires », chargées de « veiller au maintien de l'ordre sur un territoire donné, de lutter contre la délinquance et les atteintes à l'ordre public et de mener à bien un travail éducatif au sein de la population ». Confortant les pulsions égalitaristes du petit peuple, ce nouvel activisme social doit mobiliser les esprits dans une chasse aux comportements déviants, aux « parasites » comme aux individus soupçonnés de vivre de « revenus non salariaux ». Au cours de la seule année 1961, plus de 200 000 personnes « refusant un travail socialement utile et ayant un mode de vie parasite et antisocial » sont repérées et sommées de « trouver impérativement une activité socialement utile ». Conformément au décret du 4 mai 1961, plus de 16 000 « parasites endurcis » sont expulsés des grandes villes et exilés dans des régions inhospitalières de l'URSS. Au début des années 1960, Khrouchtchev tente, également, de soulever la question de la corruption à grande échelle au sein des organismes d'Etat. En février 1961, la *Pravda* lève le voile sur la corruption triomphante en Azerbaïdjan, où les directeurs de kolkhoze versent chaque année 5 000 roubles au Premier secrétaire du raïkom pour conserver leur poste. Ce dernier, à son tour, est obligé de verser 50 000 roubles au secrétaire de l'obkom et aux divers secrétaires du Comité central du PC d'Azerbaïdjan. Dans cette république, comme en Ouzbekistan, la chaîne de la corruption est calquée sur l'organisation du Parti. En novembre 1962, Khrouchtchev réclame devant le Comité central une action plus énergique afin de « mettre fin au bluff, au gonflement, à la concussion, à la dilapidation et au saccage des biens de l'Etat ». Et de citer 140 cas de faux en écriture et de corruption au cours du premier semestre 1962 pour la seule région de Kalinine et 116 cas semblables dans la région de Zaporojie, en Ukraine. Cette année-là, plusieurs centaines d'auteurs de « crimes économiques » sont condamnés à mort et exécutés. Mais ces velléités de lutte contre un mal qui commence à prendre, depuis la fin de l'ère stalinienne, des proportions qui culmineront dans les années 1970, sont sans lendemain, comme tant d'autres initiatives khrouchtchéviennes. Le retour du mythe, les diverses formes de mobilisation et d'activisme social, accueillies avec scepticisme par une population en butte aux pénuries quotidiennes, les opérations ponctuelles visant à purger tel ou tel secteur particulièrement corrompu de l'administration semblent refléter avant tout l'incapacité du pouvoir à assumer les transformations indispensables dans le domaine économique.

IV. — Le XXIIe Congrès et ses suites

Les difficultés que connaît une économie cahotée de « réforme » en « campagne » contribuent à mobiliser les adversaires de Khrouchtchev dans les années qui suivent le XXIe Congrès. Contre une décentralisation excessive, qui affaiblit le contrôle du centre sur les agents économiques locaux, responsables de certains « dérapages », les centralisateurs remportent quelques succès. Le plus notable est, en 1960, la création, dans chacune des trois principales républiques — Russie, Ukraine, Kazakhstan — d'un « sovnarkhoze de République » (à eux trois, ces organismes coiffent 80 % des sovnarkhozes soviétiques, réduisant ainsi fortement la portée décentralisatrice de la réforme de 1957). A l'opposé, une partie de l'intelligentsia libérale multiplie les provocations sur des thèmes « tabous ». Recevant, en janvier 1961, le prix Lénine, Ilia Ehrenbourg met à profit les hommages qui lui sont rendus pour soulever le problème de l'antisémitisme en URSS. Peu après, le poète Evtouchenko revient sur cette question dans un long poème, *Baby Yar* (publié dans le *Literatournaïa Gazeta* le 19 septembre 1961), dédié au massacre, près de Kiev, de dizaines de milliers de juifs par les nazis, épisode passé sous silence par l'historiographie officielle de la Grande guerre patriotique. Cette publication suscite dans la presse un large débat, plus ou moins maîtrisé par les autorités, sur des sujets aussi brûlants que l'antisémitisme, le nationalisme, le réalisme socialiste, l'idéologie « bourgeoise » et ses influences sur la jeunesse, le rôle de l'écrivain dans la société soviétique, etc.

C'est dans ce contexte de difficultés économiques, de fronde de certains milieux intellectuels, d'opposition persistante à Khrouchtchev d'éléments conservateurs, au premier rang desquels figurent deux secrétaires du Comité central, F. Kozlov et M. Souslov, que se tient, du 17 au 31 octobre, le XXIIe Congrès du PCUS. Ce Congrès est appelé avant tout à adopter le nouveau programme et les nouveaux statuts du Parti, textes censés répondre à l'étape nouvelle atteinte par le pays : le passage du socialisme au communisme. En réalité, ce forum, auquel plus de 4 800 délégués ont été conviés (soit trois fois plus qu'au Congrès précédent), entre dans l'histoire comme le congrès d'une déstalinisation bien plus radicale que celle qui avait été amorcée cinq ans auparavant.

L'adoption du programme suscite peu de débats. Le texte développait les modalités du passage, en vingt ans, au communisme, sujet qui constitue davantage un acte de foi qu'un thème de discussion. L'adoption des nouveaux statuts, plus animée, est porteuse de conséquences politiques autrement plus importantes. Ces textes mettent, en effet, l'accent sur la nécessité du renouvellement périodique des cadres et des organes dirigeants, à tous les niveaux de l'appareil. Il est prévu qu'à chaque élection, la moitié de l'effectif doit changer au niveau des cellules de base et du district ; cette proportion tombe à un tiers pour les instances régionales et républicaines, à un quart pour le CC et le Présidium. Néanmoins, au sommet du système, les responsables « dont l'autorité est unanimement reconnue » peuvent, avec l'accord des trois quarts des voix, rester à leur poste pour des périodes plus longues. Elaborés dans l'intention de renouveler et de rajeunir les cadres du Parti, ces nouveaux statuts n'atteignent pas leur but. En effet, la rotation rapide des cadres de niveau inférieur affaiblit ceux-ci et les soumet encore davantage aux cadres de niveau plus élevé, détenteurs de postes plus stables. La réforme renforce le clientélisme et la sclérose au sommet, tout en introduisant un élément d'instabilité dans le déroulement des carrières des cadres débutants et moyens. Avec elle, Khrouchtchev, son principal artisan, perd les sympathies, patiemment gagnées, des gros bataillons d'apparatchiki locaux.

Au-delà des discussions sur les nouveaux statuts et leurs implications, les derniers jours du Congrès sont marqués par une nouvelle offensive, inattendue à cette étape, contre le stalinisme et quelques staliniens endurcis — notamment Vorochilov (contraint de faire une autocritique publique), Kaganovitch, Molotov et Malenkov. Le 27 octobre, Khrouchtchev prononce un long discours dénonçant les crimes de Staline et soulignant que, loin de se limiter aux seuls communistes, les répressions de masse avaient frappé un grand nombre de citoyens soviétiques. Toutefois, comme en octobre 1956, Khrouchtchev ne remet pas en cause les grandes orientations du Parti, notamment celles prises en 1929-1930, et élude la question de la responsabilité globale du Parti, circonscrivant les « crimes » à un cercle restreint de « staliniens », confondus, pour l'essentiel, avec le groupe, déjà dénoncé, des « anti-Parti » (Molotov, Malenkov, Kaganovitch). En guise de repentir, Khrouchtchev propose l'érection d'un monument aux communistes victimes de Staline. Dans les jours qui suivent (28-30 octobre 1961), le processus de déstalinisation se développe, avec l'intervention de nombreux délégués condamnant les crimes de Staline. Il culmine le 30 octobre, lorsque la vieille militante bolchevique Lazourkina explique aux congressistes médusés que Lénine lui était apparu en rêve et lui avait dit : « Il m'est pénible de reposer aux côtés de Staline qui a fait tant de mal au Parti ! » Après ce coup d'éclat, le Congrès vote, sur-le-champ, à main levée, l'expulsion immédiate de la dépouille de Staline du Mausolée.

Les résistances à la déstalinisation restent cependant fortes. Après la dramatique escalade du processus déstalinisateur des 27-30 octobre, les résolutions préparées en commission et soumises au Congrès le 31 octobre paraissent très en retrait. La résolution sur la déstalinisation est édulcorée : elle ne reprend pas la proposition d'ériger un monument aux victimes des purges, ne parle plus de « crimes » mais de « fautes » et de « déviations » et affirme que « le Parti a dit au peuple toute la vérité sur les abus de pouvoir dans la période du culte de la personnalité ». Par cette formule, la résolution indique clairement que le débat ne franchira pas de nouvelles limites.

Freiné dans sa nouvelle offensive déstalinisatrice, Khrouchtchev ne parvient pas à modifier en sa faveur l'équilibre des forces au Présidium. Certes, le Comité central est largement renouvelé (60 % des 330 membres sont nouveaux), mais le Présidium ne connaît guère de changement, hormis l'exclusion de Vorochilov. Le XXIIe Congrès s'achève ainsi sur un demi-échec du Premier secrétaire.

Après le XXIIe Congrès, Khrouchtchev suit une ligne politique assez incohérente, marquée par une succession d'apparents « dégels » et de revirements conservateurs. A l'automne 1962, il soutient, par exemple, la publication de deux œuvres dévastatrices pour le camp conservateur : un poème de Evtouchenko, au titre provocateur, *Les héritiers de Staline* (paru dans la *Pravda* le 21 octobre), et une longue nouvelle, *Une journée d'Ivan Denissovitch,* d'un auteur inconnu, ancien détenu de surcroît, Alexandre Soljenitsyne (*Novyi Mir,* novembre 1962). Néanmoins, ces publications allaient rester des actes isolés. Contraint à la défensive, à la suite du plénum du Comité central de novembre 1962, tenu au lendemain de la crise de Cuba, Khrouchtchev recule sur le front culturel. Son revirement prend pour prétexte l'indignation qu'il aurait éprouvée lors de la visite d'une exposition d'art abstrait (20 décembre 1962). Il charge alors le président du département Idéologie du Comité central, Illitchev, de rappeler l'intelligentsia à son devoir, avant d'intervenir en personne, quelques mois plus tard (18 mars 1963), dans une allocution au cours de laquelle il convie les intellectuels à se laisser guider, dans leur création, par « l'esprit de Parti ». Cet appel referme la brève période du dernier « dégel » khrouchtchévien de l'automne 1962.

Au plénum du Comité central de novembre 1962 est discutée et adoptée une importante réforme du Parti, rapidement très controversée par des cadres désorientés face aux initiatives et aux improvisations du Premier secrétaire. Cette réforme bouleverse en effet l'ensemble des structures du Parti, divisé désormais en deux branches, l'une consacrée à l'industrie, l'autre à l'agriculture. De la région au centre, toutes les organisations du Parti sont dédoublées, organisées en unités nouvelles spécialisées dans l'une des deux branches de l'économie, et placées sous l'autorité d'un responsable censé se consacrer à la gestion du secteur économique qui lui est attribué. A la base, la réforme supprime l'organisation du Parti du district. Présentée comme une simple réforme technique, cette réorganisation des structures du Parti, nouvelle et illusoire tentative de gérer plus efficacement l'économie, marque une indéniable rupture avec nombre d'idées léninistes, réaffirmées avec force dans le programme du Parti adopté au XXIIe Congrès, telles la disparition des différences villes-campagnes, l'unité organique de la société communiste, etc. Les doctrinaires ne manquent pas de dénoncer la violation de « l'alliance ouvrière et paysanne » et la banalisation d'un Parti réduit à des tâches d'encadrement économique. Les pragmatiques relèvent les multiples inconvénients de ces bouleversements : hypertrophie bureaucratique, marasme des « secteurs oubliés » (commerce, santé, transports, instruction, culture), désordre général. Les mécontentements se multiplient au sein des appareils, à tous les niveaux. Les cadres régionaux refusent de voir leur fonction coupée en deux et leur influence réduite au contrôle d'une branche particulière d'activité économique ; quant aux très nombreux cadres des organisations de district, ils craignent tout simplement d'être privés de travail. Bref, cette réforme du Parti, impulsée par Khrouchtchev, a pour principal effet d'aliéner au Premier secrétaire une grande partie des cadres du Parti, déjà échaudés par deux tentatives intempestives de déstalinisation.

V. — Une politique extérieure volontariste

Dès 1953-1954, la politique étrangère avait joué un rôle déterminant dans la constitution de la légitimité de Khrouchtchev en tant que dirigeant de premier plan. Pour le Premier secrétaire, les voyages à l'étranger — qui rompaient avec les habitudes de Staline, qui ne s'était presque jamais déplacé hors d'URSS — ont une influence non négligeable dans le renforcement de sa position dans les luttes internes précédant le XXe Congrès. Tout au cours des « années Khrouchtchev », la politique extérieure continue de jouer un rôle très important dans l'affermissement — ou l'affaiblissement — de la position et du rayonnement du Premier secrétaire.

Dans les années 1956-1964, Khrouchtchev impulse une politique étrangère très active, qualifiée par Jacques Levesque de « volontariste ». Trois questions majeures monopolisent l'effort diplomatique soviétique au cours de cette période : les relations avec l'Occident, le schisme à l'intérieur du « camp socialiste », l'émergence des « Etats de démocratie nationale » du Tiers Monde, sur le développement desquels l'URSS tente d'influer.

Les rapports avec l'Occident sont placés sous le double signe de la coexistence pacifique, définie comme la « ligne générale de la politique extérieure de l'URSS », et de la prise de conscience, par l'URSS, de sa puissance. La mise au point, à partir de 1957, des missiles intercontinentaux, le lancement des premiers satellites, qui assurent aux Soviétiques une avance (momentanée et limitée au domaine de la balistique) sur les Etats-Unis renforcent optimisme et dynamisme de l'URSS sur la scène internationale, qui expliquent — tout autant que la théorie de la « coexistence pacifique » — le cours sinueux des initiatives, à première vue contradictoires, alternant menaces et perspectives de détente, de la diplomatie soviétique au cours des années 1956-1964.

Pour le gouvernement soviétique, le développement d'un *modus vivendi* avec les Occidentaux passe d'abord par une reconnaissance définitive, par ceux-ci, des conséquences de la Seconde guerre mondiale et des conquêtes du « camp socialiste ». A cet égard, Berlin continue de focaliser les préoccupations soviétiques. Ville ouverte et vitrine de l'Occident au cœur de la RDA, Berlin-Ouest apparaît, selon le mot de W. Ulbricht, comme un « cancer » qui ronge de l'intérieur la frontière occidentale du « camp socialiste ». En novembre 1958, le gouvernement soviétique demande aux Puissances occidentales de revoir le statut de Berlin, qui devra être une ville libre et démilitarisée, et fixe aux Occidentaux un délai de six mois pour traiter avec la RDA, faute de quoi l'URSS signera avec ce pays un traité de paix séparé et lui donnera pleine souveraineté sur Berlin-Est, rendant intenable la position de Berlin-Ouest. Pour négocier le problème allemand, Khrouchtchev souhaite une réunion au sommet des quatre « Grands » ; le principe de celle-ci est acquis à l'issue de la visite historique qu'effectue Khrouchtchev aux Etats-Unis en septembre 1959. Cette visite — la première qu'effectuait un chef d'Etat soviétique aux Etats-Unis — consacre la respectabilité internationale de l'URSS, avec laquelle la première puissance mondiale doit désormais traiter presque d'égal à égal. D'une tournée bon enfant au cours de laquelle Khrouchtchev n'hésite pas à prédire aux Américains que « leurs petits-enfants vivront sous le communisme », vainqueur pacifique de la compétition séculaire entre libéralisme et communisme, les diplomates soviétiques emportent l'impression que le Président américain Eisenhower serait prêt à céder sur Berlin.

Aussi Khrouchtchev prend-il délibérément le risque de torpiller, dès son ouverture (16 mai 1960), la conférence de Paris consacrée au règlement de la question de Berlin, prétextant le passage, deux semaines auparavant, d'un avion espion américain U-2 (abattu par la chasse soviétique) au-dessus de l'URSS. Khrouchtchev exige d'Eisenhower des excuses publiques. Comme ce dernier refuse d'obtempérer, la délégation soviétique quitte la conférence. Un an plus tard, une nouvelle rencontre, à Vienne, entre Khrouchtchev et le nouveau Président américain J. F. Kennedy, se solde également par un échec. Fort du fiasco du débarquement anticastriste de la baie des Cochons (17 avril 1961) soutenu par les Américains, Khrouchtchev pose à Kennedy un nouvel ultimatum sur Berlin, annonçant que l'URSS signerait la paix avec la RDA avant la fin de l'année. Pour stopper le départ massif de citoyens est-allemands vers Berlin-Ouest, le gouvernement de la RDA érige, à partir du 13 août 1961, avec l'aval et l'appui de Moscou, un mur qui interdit le passage vers Berlin-Ouest, en totale violation des accords quadripartites de Potsdam garantissant la libre circulation à l'intérieur de la ville. Cette mesure ne suscite aucune réaction notable de la part des Occidentaux.

Est-ce cette absence de réaction qui pousse Khrouchtchev à aller plus loin, afin de tester jusqu'où les Etats-Unis sont prêts à laisser faire? Au cours de l'été 1962, l'URSS qui s'était contentée jusqu'alors d'un soutien limité au régime de Fidel Castro, décide d'installer à

Cuba des missiles nucléaires de moyenne portée. Cette initiative déclenche la plus grave crise des relations internationales depuis 1945. Le 22 octobre 1962, les services secrets américains ayant découvert quelques jours auparavant les travaux d'installation des missiles soviétiques à Cuba, le Président Kennedy annonce le blocus naval de Cuba et exige le démantèlement des rampes de lancement et le retrait immédiat des missiles. Devant la détermination américaine Khrouchtchev recule et fait parvenir, le 25 octobre, un message à Kennedy, par lequel il accepte de retirer les missiles, sous l'inspection des Nations Unies, à condition que les Etats-Unis s'engagent à ne jamais envahir Cuba. Le 28 octobre, le conflit est réglé, par l'acceptation américaine de ce marchandage, qui sauve la face de la partie soviétique tout en donnant, sur le fond, satisfaction aux Américains.

Les conséquences de l'affaire cubaine sont considérables : Khrouchtchev, qui a pris personnellement une part prépondérante dans cette initiative, en ressort politiquement affaibli. La reculade soviétique est ressentie comme un camouflet par les cadres dirigeants du Parti. Néanmoins, cette affaire marque aussi une volonté commune, de la part des Américains comme des Soviétiques, de s'arrêter avant l'irrémédiable, l'anéantissement nucléaire de la planète ; dans les mois qui suivent la crise, une ligne de télex directe est mise en place entre la Maison-Blanche et le Kremlin, afin d'éviter, de part et d'autre, les erreurs de calcul et d'interprétation. Le 15 août 1963, est signé un traité sur l'interdiction partielle des essais nucléaires, premier accord formel de contrôle des armements entre les deux « Grands », étape décisive dans leurs rapports pour l'instauration d'un *modus vivendi*.

La crise de Cuba consomme le schisme sino-soviétique qui couvait depuis 1956-1957. Dès 1957, Mao Zedong avait imputé l'échec de sa « campagne des Cent-fleurs » au « révisionnisme ». Désormais proclamé ennemi n° 1, le révisionnisme avait, selon Mao

Zedong, deux causes : une interne (l'influence « bourgeoise » persistante en Chine même), et une externe, la « capitulation » devant l'impérialisme. Cette idée allait devenir le fondement théorique de l'opposition chinoise à la conception soviétique de « coexistence pacifique ». Néanmoins, cette opposition ne débouche pas immédiatement : à la conférence des partis communistes qui se tient à Moscou en novembre 1957, Mao Zedong tente encore de convaincre les dirigeants soviétiques que, « le vent d'Est prévalant sur le vent d'Ouest », le temps est venu d'imposer un « recul à l'impérialisme ». Les relations sino-soviétiques ne se dégradent sérieusement qu'à partir de 1959, lorsqu'il devient évident que Khrouchtchev recherche un *modus vivendi* avec « l'impérialisme américain ». Immédiatement après son voyage aux Etats-Unis, Khrouchtchev se rend à Pékin, où il prêche publiquement les mérites de la détente. Les dirigeants chinois répondent, quelques mois plus tard, à ces propos de Khrouchtchev en faisant publier (avril 1960) dans le *Quotidien du Peuple,* à l'occasion du 90e anniversaire de la naissance de Lénine, un éditorial intitulé *Vive le léninisme!* Sous couvert d'une attaque contre le « révisionnisme » yougoslave, c'est l'ensemble de la politique extérieure soviétique qui est dénoncé, comme s'écartant du marxisme-léninisme, de l'internationalisme prolétarien et de la révolution. En été 1960, Moscou rappelle les milliers d'experts et de conseillers soviétiques qui aidaient la Chine à s'industrialiser. Des restrictions et des retards frappent aussi les livraisons de matières premières, de machines, de pièces détachées. L'URSS réclame aussi le remboursement anticipé des crédits octroyés depuis 1950.

La crise cubaine précipite la rupture sino-soviétique. L'accord soviéto-américain pour le retrait des missiles est qualifié par les Chinois de « nouveau Munich ». En février-mars 1963, le *Quotidien du Peuple* publie quatre articles très violents qui dénoncent pêle-mêle le « capitulationnisme » de Khrouchtchev, le triomphe « révisionnisme soviétique » et les « traités inégaux » imposés par les tsars à la Chine. Ils sont suivis par la « note des 25 points », réquisitoire complet et provocant contre toutes les orientations fondamentales de la politique soviétique, remise à l'ambassade soviétique à Pékin en juin 1963. A la suite de plusieurs incidents (expulsions de diplomates), le plénum de février 1964 du Comité central du PCUS adopte un rapport présenté par M. Souslov, accusant Pékin de visées impérialistes dans sa politique de soutien aux peuples luttant contre le colonialisme.

Parallèlement à ce conflit majeur au sein du « camp socialiste », prend forme un autre conflit qui oppose, en 1963-1964, l'URSS à la Roumanie. Ce conflit a pour cause immédiate les projets soviétiques visant à coordonner les économies des pays de l'Europe de l'Est dans le cadre du Comecon. Or ces projets — qui mettent l'accent sur la spécialisation agricole de la Roumanie heurtent directement les projets des dirigeants roumains décidés à poursuivre une politique d'industrialisation qui semblait donner quelques résultats. Face aux pressions soviétiques, les dirigeants roumains tentent de jouer la carte du différend sino-soviétique en faisant savoir (avril 1964) qu'ils ne participeraient à aucune conférence internationale dont la Chine serait exclue. Face à ce dangereux développement des tendances centrifuges, Khrouchtchev décide, en juillet 1964, de convoquer, pour le 15 décembre, une conférence internationale de tous les partis communistes, à l'ordre du jour de laquelle figurerait la condamnation des déviations chinoise, albanaise et roumaine. Cette conférence ne se réunit pas, car entre-temps (14 octobre 1964) Khrouchtchev a été démis de toutes ses fonctions. La manière dont il avait dirigé les affaires du « camp socialiste », qu'il laissait dans un état de division et de confusion profondes, compta sans doute parmi les causes de sa destitution en octobre 1964.

Le bilan de la politique soviétique vis-à-vis du Tiers Monde, des pays définis par la diplomatie soviétique comme des « Etats de démocratie nationale », apparaît, lui aussi, assez médiocre. D'après l'Institut d'économie mondiale et des Relations internationales, cinq pays seulement — Cuba, la Guinée, le Ghana, le Mali et l'Indonésie — se conformaient aux critères requis (défense de l'indépendance économique et politique excluant toute pénétration du capital étranger, direction politique confiée à des « forces progressistes »). En effet, malgré les efforts de la diplomatie soviétique, ni la République arabe unie (à laquelle l'URSS avait accordé un important crédit pour le barrage d'Assouan, mais qui continuait à persécuter ses communistes), ni l'Irak (où une révolution avait ruiné, en juillet 1958, l'influence anglo-saxonne, sans pour autant favoriser la pénétration soviétique), ni le Congo (en faveur de l'intégrité duquel Khrouchtchev était intervenu à l'ONU, en septembre 1960, provoquant le scandale du « coup de soulier sur la table ») n'avaient rejoint le clan des « Etats de démocratie nationale ». Ici encore, faute d'avoir su proposer un modèle de développement attractif, le « volontarisme khrouchtchévien » débouchait sur une impasse.

VI. — Une éviction institutionnalisée

Le 15 octobre 1964, un bref communiqué du Comité central, publié dans les journaux soviétiques, annonce que, la veille, le plénum du Comité central « a donné suite à la demande de N. Khrouchtchev d'être libéré de ses fonctions de Premier secrétaire du CC, de membre du Présidium du CC et de président du Conseil des ministres de l'URSS, en raison de son âge avancé et de l'aggravation de son état de santé ». Deux jours plus tard, la *Pravda* rend publiques les critiques qui avaient été faites à Khrouchtchev : « style personnel de direction, subjectivisme, initiatives désordonnées, précipitation, vantardise, phraséologie, ignorance des réalités, mépris des masses, etc. ». En réalité, l'éviction de Khrouchtchev est le résultat d'un complot soigneusement préparé. Le 30 septembre, sur les conseils de ses collègues du Présidium, Khrouchtchev est envoyé « se reposer » à Sotchi. A son insu, ses collègues préparent une réunion du Présidium pour le 12 octobre et convoquent le plénum du CC pour le lendemain. Rentré à Moscou le 13, Khrouchtchev est aussitôt confronté au Présidium, où Souslov, approuvé par ses collègues, réclame sa démission. Réuni en séance plénière, le Comité central exclut Khrouchtchev de tous les organes dirigeants. Ses fonctions sont aussitôt attribuées à une équipe déjà prête pour la relève : L. Brejnev le remplace au poste de Premier secrétaire du Parti, et A. Kossyguine à la tête du gouvernement. Pour la première fois, le règlement de la succession a été minutieusement prévu : c'est une succession institutionnalisée, qui atteste du chemin parcouru dans les pratiques politiques depuis 1953.

L'éviction de Khrouchtchev survient au terme de deux années au cours desquelles sa politique avait été de plus en plus contestée. Déjà, en février-mars 1963, il avait repoussé de justesse une offensive conduite par son principal opposant, F. Kozlov, écarté brusquement de la scène politique par la maladie en avril 1963. En juin 1963, Khrouchtchev doit accepter la création d'une Commission pour la réorganisation de l'industrie, dirigée par ses principaux rivaux ; deux d'entre eux, Brejnev et Kossyguine sont alors promus au secrétariat du CC.

La mise à la retraite de Khrouchtchev est accueillie avec indifférence par la société. L'intelligentsia libérale, qui n'avait jamais caché son mépris pour le « moujik ukrainien mal dégrossi » qu'était à ses yeux Khrouchtchev, mais qui avait applaudi à l'initiative khrouchtchévienne de publier « Une journée d'Ivan Denissovitch », ne se faisait plus d'illusions sur le compte du

Premier secrétaire depuis le « regel » culturel du printemps 1963. Quant aux masses populaires, elles constataient que leurs conditions de vie, depuis le début des années soixante, s'étaient dégradées. Néanmoins, une somme de mécontentements sociaux n'était pas à même, en URSS, de faire tomber un dirigeant. Au-delà du complot de ses pairs, l'élément décisif dans la chute de Khrouchtchev fut l'opposition que le Premier secrétaire s'était attirée de la part de la nomenklatura, inquiète des réformes continuelles qui menaçaient les plans de carrière, la sécurité des emplois, les privilèges des nantis du régime. Dans la seconde moitié des années cinquante, les cadres avaient, dans leur majorité, soutenu l'élan déstalinisateur de Khrouchtchev, qui semblait marquer la fin des purges sanglantes de l'appareil et la mise en place d'un système stable, car pacifié, mais en même temps suffisamment ouvert pour leur offrir des perspectives de carrière sans craindre pour leur vie. Mais la multiplication des réformes (décentralisatrices de 1957, fonctionnelles de 1961-1962) suscite mécontentements et inquiétudes, à la fois parmi les cadres du Parti, confrontés aux « technocrates » auxquels Khrouchtchev fait de plus en plus appel pour contourner les résistances politiques à ses projets, et dans l'armée, méfiante, voire hostile au Premier secrétaire après le limogeage du maréchal Joukov, le départ forcé à la retraite de près de 200 000 officiers (en relation avec les idées de Khrouchtchev, selon lesquelles, l'avenir étant au tout-nucléaire, les effectifs conventionnels devaient être réduits) et les reculades sur le plan international (crise de Cuba).

Au-delà d'une « révolution de palais », c'est donc une révolte des appareils, sur fond d'indifférence de la société et des élites intellectuelles, qui renverse Khrouchtchev le 14 octobre 1964, ouvrant une longue période décisive pour l'évolution du régime soviétique, faite d'apparent immobilisme politique et de profondes mutations économiques et sociales.

DEUXIÈME PARTIE

L'OBSESSION DE LA STABILITÉ (1965-1985)

Ere du « socialisme développé », selon la terminologie en vigueur jusqu'au milieu des années 1980, « années de stagnation », selon la caractérisation donnée à cette période de l'histoire soviétique par Mikhaïl Gorbatchev, les années 1965-1985 apparaissent aujourd'hui comme deux décennies hautement paradoxales. Sous la rigidité apparente d'un système aspirant à une stabilité érigée en véritable dogme, la société soviétique se transforme en profondeur. Etat et société semblent — en partie — s'ignorer et évoluer chacun de son côté : l'Etat ne cherche plus à impulser, à mobiliser les masses pour quelque projet mythique, se contentant de gérer — tant bien que mal — les affaires courantes; laissée à son évolution, la société fait semblant d'adhérer au discours officiel, tout en poursuivant sa propre transformation. L'ensemble donne l'illusion d'un immobilisme consensuel, immobilisme qui piège bien des soviétologues fascinés par la gérontocratie au pouvoir et par la toute-puissance d'une nomenklatura apparemment intouchable.

Chapitre III

AGE D'OR DE LA NOMENKLATURA ET « ÉTAT DU PEUPLE TOUT ENTIER »

I. — **Conservatisme politique et réforme économique**

L'éviction de N. Khrouchtchev marque incontestablement le refus d'une certaine dynamique de la réforme, et, en ce sens, elle constitue un succès du conservatisme. Au sein du groupe dirigeant qui a évincé Khrouchtchev, un consensus se dégage rapidement sur la nécessité de préserver un pouvoir collégial, de maintenir tous les problèmes et les crises éventuelles sous le contrôle des organes les plus élevés du Parti, de mettre fin à la « réformite » de Khrouchtchev, génératrice d'instabilité. Bref, la valse des responsables, les projets utopistes et les grandes campagnes de mobilisation sont abandonnés au profit d'un fonctionnement « normal » et routinier du cadre politico-administratif. Néanmoins, cette volonté de stabilisation et d'équilibrage va de pair avec une recherche d'efficacité et une lutte contre les dysfonctionnements du système. Mais comment concilier continuité idéologique et conservatisme politique d'une part, réforme économique et valeurs technocratiques d'autre part? Tel est le problème que doit affronter, dès les mois qui suivent la chute de Khrouchtchev, la nouvelle équipe au pouvoir.

La chute de Khrouchtchev entraîne peu de limogeages (sauf dans les milieux de l'information, tenus par des fidèles de l'ancien Premier secrétaire) et de sanctions. Réuni en novembre 1964, le plénum du Comité central se borne à évincer quelques responsables (Poliakov, secrétaire du CC pour les questions agricoles) et à entériner la promotion d'un certain nombre de dirigeants qui avaient joué un rôle efficace dans le « complot » du 14 octobre 1964 : Nicolas Podgorny, Premier secrétaire de l'Obkom de Koursk, est promu à la tête du Département des cadres du CC; Piotr Chelest est titularisé au Présidium; Nicolas Chelepine entre directement, comme titulaire, au Présidium, tout en cumulant les postes de président du Comité de contrôle du Parti et de vice-président du Conseil des ministres. Outre ces trois hommes, la nouvelle équipe dirigeante comprenait Leonide Brejnev, Premier secrétaire du Comité central, Andrei Kossyguine, président du Conseil des ministres, et Mikhaïl Souslov, membre du Présidium et responsable à l'Idéologie. Une des premières mesures prises par ce premier plénum post-khrouchtchévien est le rétablissement, à tous les échelons, de l'unité des organisations du Parti, divisées en deux branches par la réforme de novembre 1962. La nouvelle équipe réussit, au cours des années suivantes, à concilier stabilité et renouvellement des cadres. Le Comité central est élargi (de 300 titulaires et suppléants en 1966 à 420, soit une augmentation de 40%, dix ans plus tard). Le corps des premiers secrétaires régionaux est progressivement renouvelé, mais sans mise à l'écart ni rupture de carrière; la stabilité de celle-ci est assurée soit par un passage à un poste de direction économique, soit par une promotion dans la capitale (ministère), voire à l'étranger (ambassade). Au cours des années 1970, le corps des dirigeants régionaux du Parti (qui constituait toujours la majorité des membres du CC) obtient enfin la stabilité à laquelle il aspirait depuis la période stalinienne, et la possibilité de prévoir l'évolution des carrières individuelles. Cette évolution va de pair avec une décentralisation dans la nomination des cadres et un enracinement local des bureaucraties, d'autant que les responsables, une fois nommés, le restent pour longtemps (de manière significative, la moyenne d'âge des cadres régionaux passe de 49 ans en 1971 à 59 ans en 1980). Cet enracinement et cette stabilisation favorisent le clientélisme et un système de valeurs où la fidélité et le parrainage priment sur la compétence et les principes idéologiques. En ce sens, les années soixante-dix marquent l'apogée des « cercles de famille », d'une sorte de « féodalité soviétique », contre laquelle Staline, puis Khrouchtchev avaient lutté sans relâche, le premier par la terreur institutionnalisée, le second par des moyens légaux. Mais miser sur le clientélisme comme force de stabilisation n'est guère compatible avec la rationalisation du système — qui suppose la sanction des cadres incompétents — et le système de valeurs technocratiques qu'implique la réforme économique.

Celle-ci débute dès 1965 par une recentralisation administrative, marquée par la suppression des sovnarkhozes, le rétablissement des ministères centraux de production abolis par Khrouchtchev, et la création de grands comités d'Etat (Gosstsen pour les prix, Gossnab pour les approvisionnements, Gostekhnika pour les technologies nouvelles). Par ailleurs, une certaine marge d'autonomie est accordée aux entreprises, aux termes de la grande réforme de l'entreprise, préparée depuis des années par une équipe sous la direction de l'économiste Liberman, et codifiée enfin par deux textes promulgués le 4 octobre 1965 : un décret « sur l'amélioration de la planification et le renforcement de la stimulation économique de la production » et un règlement « sur l'entreprise productive socialiste d'Etat ». Ces textes semblent marquer une volonté d'élargir la sphère d'autonomie des entreprises. Le nombre des indices impératifs est réduit au strict minimum. Pour stimuler l'initiative de l'entreprise, on laisse à sa disposition une partie des bénéfices (« fonds de stimulation »), dont le montant est déterminé par des normes strictes pour empêcher les directeurs de rechercher le profit par n'importe quel moyen et les ministères de prélever abusivement une part supérieure au solde. Comme toutes les tentatives qui auront lieu dans les années 1970, l'objectif est d'entrer dans une phase de développement plus intensive. L'application de la réforme s'avère cependant rapidement décevante et révèle la persistance de problèmes liés à des « habitudes » prises depuis les années 1930, à la nature des indicateurs économiques et à la « départementalite ». Le gaspillage des matières premières et la nécessité de retenir la main-d'œuvre, dans un contexte de pénurie endémique de bras, par des augmentations de salaires et des primes en nature, maintiennent des coûts de production très élevés. Les nouveaux indicateurs ont du mal à s'imposer. Les « fonds de stimulation » ne stimulent guère la main-d'œuvre : pour les ouvriers, les primes versées à ce titre ne représentent en moyenne que 3 % du salaire, ce qui est insuffisant pour les intéresser à l'amélioration de la gestion ; quant aux fonds de mesures sociales, ils ne sont en général pas utilisés, les matériaux de construction pour les logements en prime n'ayant pas été prévus par le Plan. Enfin, les fonds d'autofinancement souffrent de la mauvaise coordination entre la recherche scientifique et l'industrie.

Au centre des dysfonctionnements de l'économie reste le phénomène ancien, si souvent déploré dans la presse, du vedomstvennost' (« départementalite »). Cette « maladie » avait pour origine le principe de verticalité, qui réglementait, depuis les années 1930, les systèmes de planification et de gestion des ministères : des pyramides hiérarchiques, centralisées à Moscou, régentaient directement entreprises et administrations sur tout le territoire de l'Union soviétique. Chaque juridiction subordonnée ne communique qu'avec le bureau immédiatement au-dessus d'elle dans le même ministère ; il n'existe donc aucune communication directe significative entre des entreprises et des administrations voisines appartenant à des ministères différents.

Dès sa mise en place, la réforme de 1965 apparaît ainsi comme un ensemble de mesures disparates et contradictoires. Comment concilier en effet le développement de l'autonomie légale de l'entreprise et le renforcement des ministères, dotés eux aussi de pouvoirs accrus, véritables unités souveraines dans leur secteur économique et administratif? Dans le domaine clé des approvisionnements, la création du Gossnab (Comité d'Etat aux approvisionnements) va aussi à l'encontre de l'autonomie des entreprises, qui ne disposent pas plus qu'avant du libre choix du fournisseur et du client.

Les contradictions de la réforme révèlent en fait l'existence de graves divergences entre partisans de la déconcentration, simple délégation d'autorité qui maintient intact le rôle du système politico-administratif dans le fonctionnement de l'économie (menés par L. Brejnev) et adeptes (rassemblés autour de Kossyguine) d'une certaine décentralisation économique. Ainsi, à la contradiction, déjà relevée, entre le conservatisme politique, fondé sur une volonté de stabiliser le système par le jeu du clientélisme, voire par l'institutionnalisation du « fief » bureaucratique, et le principe même de la réforme économique, porteuse de valeurs technocratiques, se surimposent d'autres clivages portant sur les modalités et la portée même de la réforme.

II. — Consensus et divergences

L'unanimité qui s'était manifestée contre Khrouchtchev masquait en réalité d'importantes divergences au sein de la nouvelle direction collégiale. Celle-ci tente cependant de maintenir, à tout prix, un cap « centriste » et d'équilibrer les tendances qui inclinaient vers des solutions diverses, par le compromis, puis par un immobilisme de plus en plus marqué. Ce compromis allait durer presque deux décennies, car, au-delà de leurs divergences, les membres de l'équipe dirigeante étaient mus par la volonté de stabiliser et d'équilibrer les pouvoirs et les intérêts des divers appareils bureaucratiques et de perpétuer leur pouvoir collégial en écartant toute solution alternative, ce qui impliquait le refus d'aborder les problèmes générateurs de conflits, l'absence de débats fondamentaux, le culte du pragmatisme érigé en système, l'institutionnalisation des conflits et des intérêts...

Ce consensus sur l'essentiel — l'art de gouverner et de se maintenir au pouvoir — n'exclut toutefois ni les divergences, ni les conflits feutrés. Un premier ensemble de divergences semble avoir porté sur l'interprétation de la réforme économique. Sur les choix économiques les plus importants, les deux principaux protagonistes sont, jusqu'au milieu des années 1970, Brejnev et Kossyguine. Pour le premier, les priorités sont : l'agriculture, l'industrie lourde et la défense, puis (après 1972) le « développement du front pionnier en Sibérie ». Pour le second, priorité doit être donnée à l'industrie légère des biens de consommation, base du développement de la consommation des ménages, très inférieure aux besoins et au niveau de l'Europe occidentale. Aussi bien la crise tchécoslovaque en 1968, qui pose la question de la compatibilité entre une « société de consommation » (fût-elle à ses débuts) et un système politique de type soviétique, que l'intensification de l'intervention américaine au Vietnam (perçue comme une menace potentielle) contribue, à partir de 1970-1971, au succès des options économiques plus conservatrices défendues par L. Brejnev. Ces choix sont sous-tendus par d'autres, aussi importants. Ils concernent l'autonomie qu'il convient de laisser à ceux qui ont des compétences réelles pour diriger l'économie et l'administration. En 1971, sur l'initiative de Kossyguine, est créé l'Institut de l'économie mondiale et des relations internationales, dirigé par le propre gendre de Kossyguine, Gvichiani. Le recrutement de cadres par concours sur la base de leurs compétences se développe, favorisant la montée d'une nouvelle cohorte de dirigeants capables, efficaces, ayant souvent une bonne connaissance des réalités étrangères, exprimant les vues et les intérêts des secteurs qu'ils dirigent. Leur formation prédispose ces cadres à gérer technocratiquement les problèmes politiques et économiques, en laissant à l'écart les aspects idéologiques. Cette tendance est néanmoins vigoureusement combattue par les « doctrinaires » du Parti, notamment par M. Souslov, gardien vigilant de l'Idéologie, qui ne manque pas une occasion de rappeler la primauté de « l'esprit de Parti » *(partiinost)*, « condition première de l'aptitude à exercer des responsabilités dans n'importe quel domaine ».

L'avantage pris, à partir de 1972-1973, puis, plus nettement encore, dans la seconde moitié des années soixante-dix (après le XXVe Congrès du PCUS, en mars 1976), par les options les plus conservatrices prônées par L. Brejnev et M. Souslov, ne se traduit cependant pas par l'éviction des responsables qui défendaient des options différentes. Kossyguine continue ainsi d'occuper, jusqu'à sa mort, d'importantes fonctions économiques. Podgorny et Chelepine sont écartés « en douceur » — davantage pour des raisons de rivalité personnelle qu'en fonction de divergences de fond — et nommés à des postes honorifiques (présidence du Soviet suprême pour le premier ; présidence du Conseil central des syndicats pour le second). La stabilité et la fermeté de la coalition d'intérêts qui soude, par-delà toutes les divergences, l'équipe dirigeante, permettent de couler tous les conflits dans le moule des institutions. Les changements de titulaires du Politburo et du Secrétariat interviennent par petites touches, sanctionnant en général des erreurs politiques ou administratives : Chelest paie pour une tolérance, au demeurant toute relative, à l'égard du « nationalisme » ukrainien; Polianski sert de bouc émissaire pour les échecs de la politique agricole. Le fait majeur du renouvellement du Politburo et du secrétariat (relativement important, car sur dix ans, dix des dix-sept titulaires ou suppléants en poste en octobre 1964 sont renouvelés) est la montée des représentants des « fiefs » régionaux. Particulièrement remarquée est la promotion de dirigeants dont la carrière avait été liée de près à celle de L. Brejnev : le « groupe de Dniepropetrovsk » (ville où L. Brejnev avait commencé, avant-guerre, sa carrière politique) compte, à la fin des années 1970, cinq des principaux hiérarques du Parti : Kirilenko, Tchernenko, Kounaev, Chtcherbitski, Chtchekolov. Pour un jeune ambitieux comme le Premier secrétaire du Parti de la région de Stavropol, Mikhaïl Gorbatchev, l'appui d'un « ancien » de la région « monté » à Moscou (en l'occurrence Fedor Koulakov, membre du Politburo depuis 1970) est décisif. Plus que jamais, dans les années 1970, les réseaux locaux, centrés autour des Premiers secrétaires régionaux du Parti et de leurs prédécesseurs promus à Moscou, demeurent l'élément clé d'une carrière au sommet.

Les rapports de l'armée et du Parti constituent, dans un système qui prétend désormais représenter équitablement et équilibrer les intérêts des diverses bureaucraties et groupes de pression, une source potentielle de pression. Reflétant le conservatisme des milieux militaires, les célébrations, en grande pompe, du vingtième anniversaire de la victoire de 1945, en mai 1965, sont l'occasion d'une réévaluation positive du rôle de Staline durant la guerre et du rappel de « l'union indéfectible entre le Parti et les forces militaires de l'URSS ». En promouvant, début 1966, le général Oustinov au Secrétariat du CC et au Politburo (comme membre suppléant), l'équipe dirigeante réussit, selon les termes consacrés de la langue de bois, à « organiser et inspirer » l'action des Forces armées, notamment par le biais de l'appareil politique de l'armée, dépendant du ministre de la Défense, un autre militaire (maréchal Malinovski) et de la section *ad hoc* du Secrétariat du Comité central. Impliquée au premier chef dans le débat sur les priorités économiques, l'institution militaire soutient naturellement les partisans d'une priorité à l'industrie lourde, au complexe militaro-industriel, à la défense, c'est-à-dire Brejnev et Souslov, bien que ces derniers soient aussi en faveur d'un contrôle accru du Parti sur l'armée.

D'une manière générale, le poids de l'armée pèse lourdement sur les grands choix politiques et économiques ainsi que sur les options, contrastées, de la politique extérieure de l'URSS dans les années 1965-1985. A la mort du maréchal Malinovski (mars 1967), les militaires imposent, contre la candidature du général Oustinov, soutenue par les civils, un militaire qui, à leurs yeux, ne s'était pas compromis avec « l'appareil civil » (à l'instar du général Oustinov, spécialiste des industries d'armement), le maréchal Gretchko. Ce n'est qu'à la mort de ce dernier (avril 1976) que les civils parviennent à imposer le maréchal Oustinov à la tête du ministère de la Défense. Le 7 mai 1976, L. Brejnev prend le titre de maréchal de l'URSS. En revêtant l'uniforme, le plus haut dignitaire du Parti affirme solennellement la convergence, voire la symbiose, des intérêts du Parti et de l'Armée. En même temps, il confisque ainsi au profit du Parti le prestige militaire, placé très haut dans les valeurs mises en avant par le régime. Confirmée dans sa place de modèle social, à l'heure d'une emphase patriotique destinée à masquer les difficultés de la vie quotidienne, rehaussée dans son prestige grâce à la priorité donnée aux dépenses militaires qui permet au pays de mener une politique internationale de superpuissance, l'armée reste néanmoins, conformément à la tradition soviétique, coiffée par le pouvoir civil, par des dirigeants ayant fait carrière dans l'appareil politique, mais soucieux de défendre les revendications, les intérêts et les privilèges des militaires dans la société.

III. — Personnalisation du pouvoir, compromis et pluralisme institutionnel

Un des faits les plus marquants d'une vie politique marquée par la monotonie et la grisaille fut la montée, au sein de l'équipe dirigeante, de Leonide Illitch Brejnev, autour duquel allait se développer un culte — dérisoire — de la personnalité. Représentants typiques de la génération des « vydvizhentsy », ces permanents du Parti, issus du peuple, qui avaient débuté leur carrière politique à l'occasion des grandes purges des cadres bolcheviks de la fin des années 1930, L. Brejnev avait déjà, au milieu des années soixante, de longs états de service sous Staline, puis sous Khrouchtchev. Premier secrétaire du Parti de la région de Dniepropetrovsk (1939-1941, puis de 1947 à 1950, après un intermède comme commissaire politique auprès de diverses armées durant la guerre), L. Brejnev est promu Premier secrétaire de la République de Moldavie en 1950, puis secrétaire du Comité central à l'issue du XIXe Congrès (1952), premier couronnement d'un parcours de haut fonctionnaire régional du Parti. Après la mort de Staline, il est successivement Premier secrétaire de la république du Kazakhstan (1955), membre suppléant du Politburo à l'issue du XXe Congrès, puis titulaire après l'éviction du « groupe anti-Parti » (juin 1957). Président du Soviet suprême en 1960, Brejnev se consacre, à partir de 1962, à la gestion des plus hauts cadres du Parti, au poste clé du Secrétariat du CC, au moment décisif de la préparation de la « révolution de palais » d'octobre 1964. Commencée au XXIIIe Congrès (1966), au cours duquel il est proposé par ses pairs au poste de Secrétaire général du Parti (il n'était jusqu'alors que Premier secrétaire), la prééminence de Brejnev au sein de la « direction collégiale » s'affirme au début des années 1970. Les honneurs se multiplient alors pour un dirigeant vieillissant, flatté dans sa passion sénile pour les décorations et les titulatures. L. Brejnev est décoré sept fois de l'Ordre de Lénine, trois fois du titre de Héros de l'Union soviétique ; il reçoit la médaille d'or Karl Marx pour sa « contribution exceptionnelle au développement de la théorie marxiste-léniniste et à l'étude scientifique des problèmes actuels du développement du socialisme et de la lutte mondiale et historique pour les idéaux communistes ». Le prix Lénine de la Paix et le prix Lénine de Littérature lui sont décernés. En avril 1975, Brejnev est promu général d'armée, puis, un an plus tard, maréchal de l'Union soviétique (7 mai 1976).

Cette avalanche d'honneurs ne marque cependant pas un retour à un culte de type stalinien. Contrairement au culte de Staline, qui trouvait un écho réel dans la population, celui de Brejnev fournit surtout matière inépuisable aux plaisanteries de tablées. Par ailleurs, le culte officiel de Brejnev ne se forge pas dans l'exclusion de concurrents potentiels ; les pouvoirs concentrés par Brejnev lui sont en effet remis par ses pairs et non arrachés à eux au terme d'une lutte politique. La concentration des pouvoirs s'opère sans que la stabilité politique en soit affectée. Brejnev émerge de la classe politique comme son représentant, comme l'incarnation du consensus et de la solidarité d'une coalition qu'à aucun moment il ne menaça de déborder.

La personnalisation du pouvoir au sein d'une coalition vieillissante (la moyenne d'âge des membres du Politburo en 1980 atteignait 71 ans), aspirant à préserver la stabilité des élites et à prendre en compte les intérêts des divers appareils bureaucratiques va de pair avec un fonctionnement plus légal des rouages institutionnels (les congrès du Parti sont convoqués avec une grande régularité, tous les quatre ans) et une abondante codification du cadre juridique et constitutionnel, qui aboutit, en 1977, à la promulgation solennelle d'une nouvelle constitution, censée annoncer le passage à l'ère du « socialisme développé » et à « l'Etat du peuple tout entier ».

Comme l'a montré H. Carrère d'Encausse, à partir de la seconde moitié des années soixante commence « l'âge d'or » du Comité central. Durant toute la période brejnévienne, le Comité central manifeste une activité politique assez importante, liée sans doute à la nécessité dans laquelle se trouvait alors la direction collégiale de fidéliser une clientèle et de stabiliser des réseaux politiques, après la période chaotique des années Khrouchtchev. La composition du Comité central reflète désormais un dosage savant entre institutions, fiefs régionaux, nationalités, ministères sectoriels, armée, affaires étrangères, police politique. Observant que l'élargissement continu du Comité central (passé de 300 membres en 1966 à 420 en 1976) était allé de pair avec une répartition soigneusement dosée des représentants des différents appareils bureaucratiques, le soviétologue américain J. Hough développa l'idée de l'existence d'une sorte de pluralisme institutionnel : désormais, les organes supérieurs du Parti constitueraient la représentation des forces institutionnelles, des organisations sociales, voire des intérêts de certaines républiques particulières. Selon Marc Ferro, le terme de « polymorphisme institutionnel » serait plus adapté dans le contexte spécifique du système politique soviétique, caractérisé par la mobilité des responsabilités et la pratique courante des passages d'une institution à une autre. Les divergences suscitées par les rivalités d'institutions ou de fonctionnaires n'étaient en effet ni permanentes ni associées à une vision du monde ou à un statut particulier, dans un système de recrutement des cadres de plus en plus décentralisé fondé sur l'existence de réseaux de clientèle à l'échelle de la région, circonscription clé de la bureaucratie brejnévienne. Mélange de conservatisme et de flexibilité, cette bureaucratie, loin d'être un corps inerte et pétrifié, était, semble-t-il, beaucoup plus autonome que les grandes théories générales sur le totalitarisme ou la « société dirigée » ne le suggèrent. Comme l'a montré J. Hough dans son étude sur les « Préfets soviétiques », l'analyse de l'organisation administrative régionale permet de conclure que les premiers secrétaires du Parti, loin d'être des « exécutants passifs », étaient en fait des arbitres entre les hautes sphères du pouvoir et la base, des maillons intermédiaires importants qui régularisaient à la fois la demande venue d'en haut et une partie des demandes de la société, bref « le lieu où les conflits pouvaient trouver un début de solution ». Et J. Hough de conclure : « Aucune société ne peut se maintenir si les flux sont à sens unique, du sommet vers la base, et pas plus la société soviétique qu'une autre. »

IV. — « L'Etat du peuple tout entier »

Au XXIIe Congrès du Parti, Khrouchtchev avait annoncé la nécessité de préparer une nouvelle constitution, qui codifierait le passage au communisme et la création de « l'Etat du peuple tout entier ». Une commission constitutionnelle est créée en 1962; elle met cependant quinze ans pour élaborer une nouvelle constitution, bien que le corpus principal de celle-ci soit emprunté à la Constitution stalinienne de 1936. Entretemps, les dirigeants soviétiques ont abandonné le mythe de l'avènement prochain du communisme, règne de l'abondance et du dépérissement de l'Etat, pour une nouvelle notion, inconnue des classiques du marxisme, celle de « socialisme développé ». Ce nouveau concept fournit une justification théorique aux exigences de la pratique : en soulignant la nécessité du « développement », il érige la réforme économique, censée remédier « dans l'immédiat » à la pénurie endémique, au rang de « principe actif » de la réalité soviétique. Tandis que le dépérissement de l'Etat est renvoyé à un futur indéfini, l'accent est mis sur l'association toujours plus étroite des citoyens à la gestion des affaires publiques de « l'Etat du peuple tout entier » (c'est-à-dire constitué de toutes les composantes sociales reconnues — travailleurs ouvriers, paysans kolkhoziens, et « intellectuels », ce terme désignant tous ceux qui avaient reçu une instruction secondaire et qui exerçaient un travail non manuel), et sur la revalorisation des « organisations sociales ».

La Constitution de 1977 insiste plus nettement que les constitutions précédentes sur le rôle dirigeant du Parti communiste ; elle légalise le Parti comme « la force dirigeante et le Guide de la société soviétique, le noyau de son système politique, de l'Etat et de toutes les organisations sociales ». En même temps, soulignant l'importance de la « participation sociale » et affirmant le principe de « l'autogestion communiste » par le développement de la « démocratie directe » (« Les collectifs de travailleurs participent à la discussion et au règlement des affaires de l'Etat et des affaires de la société »), elle reconnait le rôle croissant des organisations sociales comme instance parallèle à l'Etat.

L'extension du nombre de ces organisations sociales, la multiplication des aires de micro-autonomie, « qui sécrètent une capacité à agir, à exercer un pouvoir, à pratiquer des échanges inter et micro-institutionnels » (M. Ferro) apparaissent comme l'une des caractéristiques majeures de la vie sociale au cours des « années Brejnev ». Elles ne peuvent d'ailleurs être dissociées d'évolutions sociales spécifiques de cette période, tels le développement rapide de l'urbanisation, l'enracinement des générations urbaines et l'élévation rapide du niveau général d'instruction. Au cours des années 1970, les aires de micro-autonomie se développent dans plusieurs champs de la vie soviétique : dans la vie locale, dans les organisations associatives, la gestion municipale (en 1980, le pays comptait 2 270 000 élus des Soviets). S'il est vrai que la compétence des soviets locaux restait faible, le contrôle des organes centraux sur les centaines de soviets urbains nés aux marges et dans les banlieues des grandes villes était souvent symbolique. Les organisations sociales se multiplièrent également dans d'autres sphères, à première vue tout à fait apolitiques : vie culturelle, associations sportives, groupes associatifs ; c'est sur ce terreau qu'allaient fleurir, à l'heure de la perestroïka et de la glasnost, des milliers de « groupes informels ». Réactivant la pratique des « droujines » populaires khrouchtchéviennes chargées du « maintien de l'ordre », les autorités remettent à l'honneur un système de « contrôle populaire » : à cet effet est institué un réseau étendu de comités (près de 250 000) chargés de « surveiller » entreprises et administrations. Composés pour une part de salariés, eux-mêmes membres du Parti, et pour une part de volontaires sélectionnés par ceux-ci (et qui n'appartenaient pas nécessairement au Parti), ces comités, dont l'esprit n'est pas sans rappeler l'Inspection ouvrière et paysanne créée par Lénine et suspendue par Staline en 1934, recouvrent bientôt tout le pays. Aussi formelle soit-elle, cette forme de participation sociale ne peut que stimuler le développement d'une société civile, longtemps balbutiante. Cette institutionnalisation de la vie sociale, codifiée par la Constitution de 1977, mais bien antérieure à celle-ci — qu'elle accrût réellement l'influence politique des citoyens ou qu'elle fût un simple instrument du régime, avec ses effets pervers — ne fut sans doute pas étrangère à l'explosion inattendue de la participation sociale spontanée qui prit son essor dès que les autorités autorisèrent son expression.

Chapitre IV

LA CRISE DU « SOCIALISME DÉVELOPPÉ »

I. — Glissement conservateur et enlisement des réformes

A la fin des années 1950, Khrouchtchev avait fixé à l'économie soviétique un objectif grandiose : rejoindre et dépasser l'économie américaine. La nouvelle équipe venue au pouvoir en 1964 affiche d'emblée des ambitions économiques plus modestes : l'édification du communisme est repoussée dans le très long terme et le réalisme prévaut dans les objectifs des plans quinquennaux du « socialisme développé », qui se succèdent de 1966 à 1985.

Comme l'a montré Jacques Sapir dans son étude des cycles économiques en URSS, les années 1972-1976 marquent le passage du « conservatisme éclairé » au « conservatisme crispé ». C'est en effet, à partir de 1972 qu'en économie par exemple, les priorités prônées par L. Brejnev (industrie lourde, agriculture, défense) prennent le pas sur celles mises en œuvre depuis le milieu des années 1960 sous l'influence de Kossyguine (industrie légère, biens de consommation). Peu à peu, le discours technocratique et réformateur sur la « révolution scientifique et technique » cède la place à un discours davantage axé sur « l'esprit de Parti », discours volontariste, souvent à connotation militaire, appelant à une mobilisation des énergies, à un renforcement des contrôles, alternant appels à la discipline du travail et au patriotisme, apologie du stakhanovisme et menaces à peine voilées contre les cadres « fautifs de négligence ». Bref, un discours proprement réactionnaire, qui renoue avec un passé mythifié.

Le Xe Plan quinquennal (1976-1980), approuvé par le XXVe Congrès du PCUS (février 1976), confirme l'abandon du discours technocratique de la seconde moitié des années soixante, qui avait mis l'accent sur le qualitatif et la croissance intensive, et dont Kossyguine s'était fait le principal porte-parole au gouvernement. Le complexe militaro-industriel, l'exploitation extensive du secteur énergétique sibérien — telles sont désormais les grandes priorités du Xe Plan. Ces orientations ont pour but, dans une conjoncture mondiale favorable aux producteurs d'énergie, de dégager rapidement, et de la manière la plus extensive, des excédents d'énergie et de matières premières exportables. Grâce à ces exportations, le pays pourrait, dans le nouveau climat de détente internationale amorcé depuis 1972-1973, importer massivement de la technologie occidentale, qui, espérait-on, injecterait dans l'organisme anémié de l'économie soviétique un peu de productivité. Avec le recul, cette injection de technologie étrangère dans l'industrie, d'investissements massifs dans une agriculture improductive, le recours à l'inflation, joints à une recentralisation administrative de l'économie, à un renforcement des contrôles (incapables, néanmoins, de lutter efficacement contre le laisser-aller général) apparaissent comme autant de solutions de facilité et de mesures conservatoires auxquelles la coalition au pouvoir vieillissante se laissa aller, par refus — ou incapacité — de s'attaquer aux problèmes de structure et par crainte de briser l'équilibre politique laborieusement atteint après l'éviction de Khrouchtchev.

Dans ces conditions, la réforme économique s'essouffle au fil de « rafistolages » successifs. De nouvelles structures — « unions industrielles », « unions de production », « unions scientifico-industrielles », « complexes territoriaux de production » — sont mises en place pour tenter de rationaliser la gestion d'entreprises dispersées, mal intégrées et étroitement dépendantes de structures verticales rigides. Cependant, loin de promouvoir ne serait-ce qu'un semblant de décentralisation, ces structures ne font qu'apesantir la tutelle des administrations centrales. Ainsi, l'un des principaux textes sur la réforme économique adopté au cours de la seconde moitié des années 1970 (le décret du 12 juillet 1979) codifie un projet démesuré de normalisation générale de la gestion des entreprises, censé insérer toutes les sphères d'activité des entreprises dans un réseau de normes « scientifiquement déterminées ». A la recherche d'une solution-miracle capable d'améliorer une productivité du travail déclinante, les autorités économiques tentent de généraliser la « méthode des brigades » (dite de Zlobine, d'après le nom de son promoteur). L'idée est simple : un groupe de travailleurs concourant à une tâche donnée s'engage à achever son travail à une échéance antérieure au délai planifié « normal », sans malfaçons, ni dépassement des coûts. La brigade gère elle-même son travail, suivant le principe de la responsabilité collective, et répartit la rémunération à sa guise. Fin 1983, on compte un million et demi de brigades regroupant environ 17 millions de travailleurs. Néanmoins, seules 12% d'entre elles disposent d'une réelle autonomie interne de gestion. En réalité, cette ultime tentative de « rénovation » des relations de travail bute sur trois obstacles fondamentaux :

— La crainte des dirigeants d'entreprise de manquer d'ouvriers, dans une conjoncture de raréfaction de main-d'œuvre et de rythme discontinu de la production, dû au vieillissement des équipements et aux à-coups dans les approvisionnements en matières premières et en pièces détachées. Les entreprises s'efforcent de mettre sur pied une politique sociale destinée à fidéliser leur main-d'œuvre. De la construction de maisons de vacances à l'automatisation des postes de travail les plus pénibles, en passant par une déréglementation — de fait — des normes de productivité, elles font tout pour tenter de limiter les flux de personnel. Bien plus que le discours ouvriériste du pouvoir, dont personne n'est dupe, cette surenchère conforte un grand nombre d'ouvriers dans l'idée qu'ils sont rares, donc indispensables, donc maîtres de leurs rythmes de travail.

— La cristallisation d'une grande égalité des rémunérations dans l'entreprise (répondant à un égalitarisme atavique). Cet égalitarisme va naturellement à l'encontre de l'esprit de compétitivité censé régir le système des brigades.

— La pénurie endémique de biens de consommation, qui limite la consommation. Pourquoi travailler plus, si l'on ne peut rien acheter avec l'argent gagné ?

La dérive conservatrice, l'adoption de solutions de facilité et de mesures conservatoires, le refus de s'attaquer aux problèmes structurels de l'économie expliquent ainsi l'approfondissement, surtout à partir de la seconde moitié des années 1970, de la crise du « socialisme développé ».

Les années 1970-1985 connaissent en effet une décélération continue des taux annuels de croissance, tant de la production industrielle (passés de 8,4 % dans la seconde moitié des années 1960 à 3,5 % dans les années 1981-1985) que de la production agricole (passés de 4,3 % à 1,4 %), de la productivité (6,3 % à moins de 3 %) et de l'investissement (7,5 % à 1,8 %). Dans cette courbe descendante, le milieu des années 1970 constitue, selon J. Sapir, la véritable cassure, qui touche le centre vital de l'économie soviétique, son industrie. Ce processus se développe dans une conjoncture démographique et socio-économique inédite pour le pays. Jusqu'alors, l'économie avait toujours pu recourir à d'importantes ressources de main-d'œuvre, largement gaspillées depuis les années 1930, et fonder sa croissance sur une base extensive, grâce à l'exploitation, par une main-d'œuvre rurale peu regardante sur ses conditions de vie, de ressources naturelles pléthoriques. Or, à partir des années 1970, l'URSS entre dans une phase nouvelle, celle d'un pays urbanisé, à la démographie déclinante, où l'industrie n'est plus motrice en matière d'emplois. Une mutation difficile s'impose : celle du passage d'un modèle de développement extensif à un modèle intensif.

II. — Les difficultés d'une agriculture assistée et inefficace

L'agriculture reste le secteur le plus fragile de l'économie soviétique. A partir des années 1970, la croissance y est particulièrement faible. Le pays connaît, sur une quinzaine d'années, huit récoltes désastreuses (1969, 1972, 1974, 1975, 1979, 1980, 1981, 1984), imputées, par les autorités, à des calamités climatiques. En réalité, bien d'autres problèmes expliquent ces mauvais résultats : conditions déplorables de transport et de stockage, responsables de pertes atteignant 15 à 20% de la récolte ; implantation artificielle, dans des régions périphériques peu peuplées, d'une agriculture imposée par des méthodes administratives (« Terres vierges ») ; et, plus fondamentalement encore, rupture — depuis la collectivisation — du lien de propriété entre le travailleur agricole et la terre.

Dans ces conditions, le gouvernement soviétique doit recourir à des importations massives de céréales (principalement nord-américaines) : près de vingt-cinq millions de tonnes par an (pour les années 1972-1979) ; près de quarante millions de tonnes par an (pour les années 1979-1984).

Ces importations massives surviennent alors même que l'Etat a investi, depuis la seconde moitié des années soixante, des sommes considérables dans l'agriculture. Mais pour chaque rouble investi, l'Etat ne touche en retour que 39 kopeks. Comme l'écrit A. Nove, « par opposition au temps où l'agriculture était exploitée au bénéfice de l'industrie, elle devint, sous Brejnev, une charge majeure pour le reste de l'économie ». En réalité, la clochardisation des campagnes surexploitées depuis la collectivisation forcée, a atteint un point de non-retour, malgré les quelques mesures incitatives prises par la nouvelle équipe au pouvoir depuis 1964 et l'injection massive (surtout à partir des années 1972-1975) d'investissements dans un secteur sinistré.

Parmi les mesures incitatives, les plus remarquées sont (décret du 26 mars 1965) l'assouplissement de la tutelle sur les kolkhozes, qui ne sont plus assujettis qu'à un plan de ventes établi pour cinq ans à des prix stables, avec autorisation de vente des surplus à l'Etat à des prix dépassant d'au moins 50% ceux des livraisons obligatoires ; le relèvement substantiel des prix des produits agricoles (+20% en 1965, +25% en 1970, +12% en 1979, +16% en 1983) ; le remplacement de la rémunération des kolkhoziens en « journées-travail » par un salaire mensuel. Par ailleurs, le gouvernement étend enfin aux kolkhoziens le bénéfice des pensions, de la sécurité sociale et du passeport intérieur. Ces mesures, qui mettent fin à la discrimination juridique dont était victime le kolkhozien, véritable « citoyen de deuxième classe », depuis les années trente, s'avèrent néanmoins insuffisantes à enrayer un exode rural de plus en plus fort. Celui-ci prend, dans certaines régions (Russie du nord-ouest, Russie centrale) de telles proportions que de nombreuses exploitations collectives en viennent à manquer de bras et des zones entières sont officiellement proclamées « sans perspectives ».

Brejnev se fit le champion d'une politique d'investissements importants dans l'agriculture. Pour la première fois, le secteur agricole bénéficie de priorités, bien que son importance relative dans l'économie diminue. Malgré ces efforts financiers considérables, les résultats restent très en deçà des prévisions. Le gouvernement se penche alors sur le problème clé de « l'exploitation auxiliaire individuelle », qui assure, depuis la seconde moitié des années 1930, la survie alimentaire des kolkhoziens. Certains obstacles à l'exploitation des lopins sont levés. En 1977, puis en 1981, une série de mesures (doublement de la superficie autorisée, suppression des limites au « cheptel familial », nouvelles possibilités offertes aux kolkhoziens d'emprunter pour s'équiper, etc.) sont prises, pour soutenir le secteur privé, dont l'importance dans la production agricole reste considérable (entre 25 et 30 % de la production totale de viande, de lait, d'œufs, de laine, de légumes). Néanmoins, ces mesures ne remettent pas en question le cadre général du système kolkhozien, dont la finalité, des principes de fixation des prix aux modes de contrôle sur les hommes en passant par la planification, reste le prélèvement et non le développement. A cet égard, le comportement des autorités locales est significatif : elles continuent, comme par le passé, et malgré les nombreux rappels à l'ordre venus du centre, à mettre des entraves à l'exploitation individuelle, espérant ainsi contraindre les kolkhoziens à travailler davantage sur les terres collectives.

Dans l'espoir d'améliorer l'efficience de l'agriculture, les autorités se lancent, à partir de la seconde moitié des années 1970, dans une série de réformes destinées à mieux intégrer l'agriculture dans un « complexe agro-alimentaire ». Dans les années 1977-1978 sont expérimentées des « unions de production », regroupant kolkhozes, sovkhozes, usines alimentaires et laboratoires de recherche, et dont l'objectif est de stimuler la spécialisation et la transformation des produits agricoles. Au début de 1982, la persistance des problèmes agricoles conduit le gouvernement à prendre des mesures plus radicales et à tenter une réforme qui se veut majeure : la création de « complexes agro-industriels ». Ces « complexes » sont censés intégrer, dans le cadre du district, fermes d'Etat, kolkhozes, entreprises desservant l'agriculture en moyens mécaniques ou chimiques ou transformant les matières premières agricoles en une « Union agro-industrielle de district ». Cette réorganisation doit réaliser enfin l'intégration — si déficiente en URSS depuis les années 1930 — de l'agriculture. En réalité, ces « complexes agro-industriels » sont restés davantage un regroupement administratif qu'une filière économique viable, dotée de sa propre logique et de sa dynamique.

Comme dans l'industrie, toutes les réformes des années 1970 aboutissent à une multiplication des structures administratives, qui alourdissent encore la gestion bureaucratique de l'agriculture. Pour contrebalancer ce risque, et dans l'espoir d'intéresser davantage — constant problème du régime depuis la collectivisation forcée des campagnes — les kolkhoziens à leur travail, on favorise le développement de brigades à contrat collectif, chargées de tout le cycle de culture sur une surface donnée et rémunérées aux résultats effectifs. Cette méthode, qui n'avait rien de révolutionnaire, ne manque cependant pas de susciter l'opposition de nombreux responsables locaux de l'agriculture, toujours inquiets de voir se reconstituer, dans le cadre collectif, des solidarités nouvelles, de type souvent familial, la plupart des membres d'une brigade étant le plus souvent apparentés.

Ces résistances, au niveau local, sont révélatrices des habitudes prises depuis la collectivisation brutale des campagnes. Les kolkhoziens aussi ont pris l'habitude de ne plus faire confiance en un Etat qui les avait toujours, de mémoire d'homme, trompés et spoliés. Tant que se maintient l'exploitation collective imposée de force et le système de contrôle mis en place dans les années 1930, subsistent des comportements, chez les paysans comme chez les cadres locaux, qui sont autant d'obstacles à toute amélioration de la productivité agricole. La stratégie brejnévienne combinant maintien des structures et effort financier considérable en faveur de l'agriculture dans son ensemble ne parvient pas à résoudre le problème de fond de l'agriculture soviétique : celui de la rupture du lien entre l'homme et sa terre. Elle n'aboutit qu'à une croissance des gaspillages. A la mort de Staline, l'URSS avait une agriculture en piteux état, mais au moindre coût économique, sinon humain. A la mort de Brejnev, l'agriculture reste un secteur sinistré, mais elle coûte de plus en plus cher à la collectivité.

III. — La crise de l'organisation du travail

Dans l'industrie, le même refus de s'attaquer aux problèmes de structure, dans une conjoncture dont nous avons analysé plus haut les données nouvelles, joue un rôle capital dans la grave crise qui s'installa, au cœur de l'industrie soviétique, à partir du milieu des années 1970, dans une économie qui présentait désormais la quasi-totalité des traits d'une économie industrielle développée et qui ne pouvait plus, comme par le passé, continuer à se développer sur un mode essentiellement extensif.

Cette crise se traduit par une accumulation de symptômes, repérés avec précision, malgré les difficultés d'accès aux sources statistiques, par un certain nombre d'économistes occidentaux : brutale cassure des taux de croissance, effondrement des gains de productivité, baisse de la productivité du capital, quasi-arrêt des investissements, stagnation de la consommation.

Cette situation découle d'un certain nombre de contraintes à long terme, comme d'une politique spécifique que nous avons analysée précédemment. Parmi ces contraintes à long terme, on peut citer :

— Une démographie défavorable, notamment en ce qui concerne l'évolution de la population active. A partir de la seconde moitié des années 1970, il devient impossible de maintenir coûte que coûte la croissance en ayant recours, comme par le passé, à de nouvelles embauches. Aussi faut-il laisser le taux de croissance de la production s'aligner sur celui, de plus en plus bas, de la productivité. Dans ce contexte, on comprend mieux pourquoi le gouvernement se lança dans « l'option de contournement » (J. Sapir), qui consistait à importer massivement de la technologie étrangère, dans l'espoir d'augmenter par ce biais la productivité, plutôt que d'attendre les résultats lents et hypothétiques d'une réforme structurelle de l'organisation du travail.

— Un déplacement constant vers l'est des ressources naturelles, et notamment énergétiques, qui accroît considérablement les coûts d'exploitation, aggravant encore davantage le problème, toujours crucial en URSS, des transports.

— Un vieillissement des équipements et du stock du capital, peu renouvelé du fait d'un arrêt quasi-total des investissements productifs.

— Le poids, de plus en plus lourd, des dépenses militaires dans une conjoncture de « course aux armements ».

— Une crise de l'organisation du travail, marquée par l'enlisement, puis l'échec d'une réforme sans cesse réformée, résultat d'une dérive conservatrice de la politique de l'équipe au pouvoir.

Ce dernier facteur est, incontestablement, l'élément crucial de la crise, comme le souligna, en 1983, l'académicienne Tatiana Zaslavskaïa, dans un rapport célèbre présenté d'abord dans des réunions fermées de l'Académie des Sciences et du Parti, puis « clandestinement » passé en Occident, dit « Rapport de Novossibirsk ». Pour Tatiana Zaslavskaïa et ses collaborateurs, dont un grand nombre était regroupé autour de la revue *Eko,* l'origine de la crise devait être recherchée dans l'incapacité du système soviétique à assurer l'utilisation efficace du potentiel humain et intellectuel de la société. Le système était resté, pour l'essentiel, malgré les réformes intervenues dans certains domaines depuis la mort de Staline, inchangé depuis les années 1930 : une centralisation excessive, une planification trop directive, une régulation centralisée et bureaucratique de toutes les formes de stimulation matérielle des travailleurs, une interdiction — ou, au mieux, un encadrement strict — de toutes les formes d'activité non organisées de la population (services, commerce). Selon Zaslavskaïa, on touche ici au paradoxe fondamental du système : les travailleurs ont pour seul horizon admissible d'activité le secteur socialiste. Toute initiative personnelle est rejetée dans l'illégalité de l'économie parallèle; par ailleurs, il est impossible à l'individu de déployer une initiative créatrice dans le secteur socialisé. Théoriquement, l'initiative est encouragée, mais les formules diverses de participation du travailleur à la gestion de l'entreprise butent sur la limitation des droits de l'entreprise elle-même : comment participer à la gestion si tout ce qui est permis est de « faire mieux que le Plan »? Bien que le travailleur soit présumé se comporter spontanément dans l'intérêt de la société, on lui refuse les moyens d'une attitude autonome et responsable en ce sens. Quant aux primes distribuées aux « meilleurs », elles perdent largement de leur efficacité pour deux raisons : d'une part, quasi automatiques et solidement institutionnalisées, elles sont le plus souvent indépendantes des performances réelles; d'autre part, étant donné la pénurie endémique des biens de consommation, elles ne peuvent guère satisfaire les désirs consuméristes des travailleurs. L'accroissement vertigineux des sommes laissées sur les comptes d'épargne témoignent de ce problème.

Ces contradictions, notait avec perspicacité Tatiana

Zaslavskaïa, n'étaient pas nouvelles. Mais si elles étaient supportables et supportées dans les années staliniennes lorsque les travailleurs étaient soumis à une discipline militaire dans l'industrie, et les paysans parqués dans les kolkhozes, interdits de déplacement, privés de passeport, elles ne l'étaient plus dans les années 1970-1980 parce que la société soviétique avait profondément changé, s'était urbanisée et avait vu son niveau d'instruction profondément changer.

Selon le « Rapport de Novossibirsk », une conclusion s'imposait : pour sortir de la crise, due, avant tout, à l'échec du mode d'organisation du travail mis en place dans les années 1930 et jamais réellement réformé, il fallait autoriser le déploiement de l'initiative privée, en définissant un champ « optimal » (du point de vue de la société) des activités susceptibles d'être exercées à titre privé. De manière significative, une des premières mesures économiques prises par Mikhail Gorbatchev au début de la perestroïka fut, conformément aux idées exprimées dans les cercles d'*Eko,* l'élargissement de la sphère d'initiative privée. Quant au secteur socialisé, il devait aussi, selon les idées des réformateurs d'*Eko,* être réformé. Mais dans quelle mesure et dans quelle direction ? Sur ces questions, les avis restaient partagés sur le degré d'autonomie que devaient recevoir, dans un système qui resterait planifié, les entreprises. Quelle devait être la place des ministères économiques sectoriels de tutelle ? Du Gosplan ? Se consacrerait-il exclusivement à la planification macro-économique, laissant une grande marge d'autonomie de gestion aux entreprises ? Quelle place faire respectivement au marché et au Plan ? Autant de débats qui allaient orienter les grands choix économiques de la perestroïka.

Chapitre V

LES MUTATIONS SOCIALES DE « L'ÈRE DE STAGNATION »

« Pendant que Brejnev dormait, son pays connaissait une véritable révolution sociale », écrivait, en 1986, M. Walker dans un ouvrage analysant l'émergence de la perestroïka. En effet, en l'espace de vingt ans (1965-1985), la société soviétique s'est profondément transformée, modifiant à la fois les données du fonctionnement économique, et celles des rapports entre la société et le pouvoir. A en juger les archives aujourd'hui disponibles, le pouvoir n'a pas su discerner ces grandes évolutions sociales. Pour avoir focalisé toute son attention sur une frange ultra-minoritaire de « dissidents », sur les « diversions idéologiques de l'étranger », le régime n'a pas su voir l'éclosion d'une société nouvelle, l'émergence d'une société civile. Aussi, même après 1985, les réformes ont-elles été toujours entreprises avec un temps de retard : incapable d'évaluer la situation, le pouvoir n'a jamais pu, depuis, combler le fossé : la société a gardé un temps d'avance.

I. — Les mutations démographiques

Nous avons déjà évoqué une première mutation, dont l'influence sur l'économie fut de première importance : le ralentissement de la croissance démographique (dû à une baisse du taux de natalité de sept points et à une hausse du taux de mortalité de trois points entre le début des années 1960 et la fin des années 1970). Cette évolution s'accompagne d'une diminution des réserves de population active, dont la répartition, par ailleurs, se modifie sensiblement au profit du secteur tertiaire et aux dépens du secteur agricole. A partir de 1974, les statistiques démographiques soviétiques cessent de divulguer plusieurs indicateurs importants : taux de mortalité infantile, espérance de vie. Cette situation intervient dans un contexte de nette dégradation de plusieurs indicateurs démographiques : forte hausse de la mortalité infantile en 1973 (elle atteint cette année-là 32‰), montée des suicides (+30% entre 1970 et 1980), des homicides (+85%), des décès par accident du travail (+72%). Au-delà de cette situation préoccupante, une des évolutions démographiques les plus remarquées est la différenciation croissante des taux de croissance. La progression des populations non slaves apparaît, tout au cours de cette période, beaucoup plus rapide. Globalement, les populations musulmanes estimées à 22,5 millions en 1959 (soit 10,7% du total) atteignent, en 1979, 42 millions d'habitants (soit 16% du total). Cette évolution démographique fit prédire à certains observateurs, dès la fin des années 1970, un « éclatement de l'Empire » sous la pression démographique non slave. En réalité, comme devait le montrer l'évolution de la perestroïka, les contestations, puis les sécessions sont venues davantage des petites républiques baltes, à la démographie stagnante, mais à l'identité nationale très forte.

Plus fondamentalement, comme l'a démontré le démographe Alain Blum, les évolutions démographiques divergentes au sein de l'Union soviétique témoignent à la fois de la grande autonomie des comportements démographiques, de la force du « long terme imperturbable » et de la superposition de sociétés différentes, qui ressurgissent avec force dans la seconde moitié des années 1980.

II. — L'urbanisation et ses conséquences

Autre mutation majeure, l'urbanisation et son corollaire, le développement généralisé de l'instruction. En vingt ans, la population urbaine est passée de 49 à 66% de la population totale. Au début des années 1980, plus de 180 millions de Soviétiques vivent dans des villes, alors qu'ils n'étaient que 56 millions en 1939. Les statistiques font état d'une augmentation de toutes les catégories de villes, les grandes métropoles jouant un rôle moteur dans le processus, puisqu'en vingt ans le nombre des villes de plus d'un million d'habitants passe de 3 à 23. Du début des années 1960 au début des années 1980, plus de 35 millions de personnes migrent de la campagne vers les villes.

Cette nouvelle société urbaine représente d'abord une nouvelle force de travail. Jusqu'à la fin des années 1950, la grande majorité des emplois urbains étaient peu qualifiés et tout à fait à la portée d'anciens paysans devenus ouvriers, exerçant toujours un travail physique, mais différent. Si la classe ouvrière avait supplanté la paysannerie, il existait encore très peu de « spécialistes » de haut niveau. Il suffit de rappeler à ce propos qu'en 1956, 69% des directeurs d'usine et 33% des ingénieurs étaient des « praktiki », c'est-à-dire des gens « formés sur le tas », qui n'avaient, pour la plupart, accompli qu'une scolarité primaire, au mieux secondaire incomplète.

Dans les années 1960-1970, se met en place une structure urbaine beaucoup plus variée, plus éduquée et professionnellement mieux différenciée. Au début des années 1980, 40% de la population urbaine est désormais composée de « spécialistes » ayant achevé des études secondaires « spécialisées » ou des études supérieures. L'amélioration des normes professionnelles et éducatives, commencée au cours des années 1930, est arrivée à maturité, avec un vaste phénomène de promotion générationnelle, au cours des années 1970, modifiant profondément le concept même « d'intelligentsia », hier une élite, dorénavant masse de gens composée de nombreux groupes, sous-groupes et catégories : techniciens, gestionnaires, administratifs, scientifiques, éducatifs, politiques, artistiques. Deux sociologues soviétiques, L. A. Gordon et V. V. Komarovski ont mis en évidence les trois générations qui composent, au début des années 1980, la population urbaine, en mettant l'accent sur l'importance des circuits de promotion professionnelle et sociale. Génération après génération, de moins en moins de gens travaillent à la force des bras. Plus d'un tiers de chaque génération est monté de quelques degrés sur l'échelle socioprofessionnelle. Ce fut là incontestablement un des éléments majeurs sinon d'un certain « consensus » social, du moins d'un certain « arrangement » entre le régime et la société. Néanmoins, à partir des années 1970, les circuits de promotion tendent à se bloquer.

Cette approche par le biais des générations — la période soviétique de l'histoire russe, aujourd'hui close, ne dure guère que le temps de trois générations — éclaire singulièrement les interactions, les tensions et les conflits qui accompagnent cette relève. La première génération a fait passer le pays par l'étape de l'industrialisation, mais en a peu profité elle-même dans un système marqué par une pénalisation extrême des relations de travail. Ces hommes, qui traversèrent les épreuves de la collectivisation forcée, de l'industrialisation accélérée, de la guerre et souvent du Goulag étaient, en majorité, des travailleurs de force d'un type traditionnel. Même au sommet de leur carrière professionnelle, à la fin des années 1940 et au début des années 1950, 80 % d'entre eux continuaient à exercer un travail physique. La seconde génération eut davantage de possibilités de promotion. Cette génération fut la première dans laquelle il y eut davantage de travailleurs employés dans l'industrie que dans l'agriculture ; la première dans laquelle le nombre des travailleurs non manuels égala le nombre des travailleurs manuels sans qualification. Cette génération bénéficia pleinement de la dépénalisation des relations sociales et de la libéralisation initiées par N. Khrouchtchev à partir de la seconde moitié des années 1950, mais aussi de la rapide élévation générale du niveau d'instruction. Quant à la troisième génération, elle connut également une forte élévation professionnelle ; dès le début de leur carrière, les représentants de cette génération furent deux fois plus nombreux à rejoindre les rangs des travailleurs intellectuels qu'à rejoindre ceux des travailleurs manuels. Mais au moment même où ses chances de promotion, par l'éducation, étaient réelles, cette génération ne pouvait plus se satisfaire des mécanismes économiques et des relations de production en place depuis les années 1930. D'où le paradoxe mis en évidence par L. A. Gordon et V. V. Komarovski : « Une structure socioprofessionnelle enfin adéquate aux besoins du système scientifico-industriel se trouve corsetée dans un système de production encore englué dans une époque technique et technologique dépassée. » En l'absence d'une réforme véritable, l'élévation spectaculaire du niveau d'instruction, la professionnalisation tendent à engendrer une crise sociale, qui a commencé à se manifester à partir de la seconde moitié des années 1970 par divers signes tels que le mécontentement généralisé dans leurs emplois des jeunes ayant reçu une bonne instruction et une formation professionnelle de haut niveau ; le « mauvais climat sociopsychologique » (pour reprendre le jargon de la « langue de bois » soviétique) dans beaucoup de lieux de travail ; le sous-emploi d'ingénieurs et de scientifiques gaspillant leur temps dans des tâches serviles à cause du manque de techniciens et de personnel auxiliaire ; et, à l'inverse, la promotion massive à des postes de responsabilité de gens « gris » sans réelle compétence.

Une des conséquences majeures du développement de l'urbanisation fut la constitution de ce que le sociologue O. N. Ianitski a appelé des « micro-univers urbains ». Loin de se limiter aux différentes formes de la vie sociale à petite échelle — famille, amis, communautés locales, associations, groupes de contact divers — le développement des micro-univers urbains a engendré la constitution de véritables réseaux et de structures informelles, qui, à leur tour, ont créé les soubassements d'une véritable opinion publique. Longtemps, l'existence de ces structures informelles a été niée aussi bien par la science politique soviétique que par la soviétologie occidentale, qui privilégiait les déterminismes idéologiques, excluant toute dynamique sociale autonome. Or, dans les années 1970-1980, la réalité urbaine, de plus en plus forte, l'élévation générale du niveau d'instruction ont donné naissance à un système social de plus en plus complexe, à toute une gamme de « structures informelles », de « micro-univers », d'espaces de « micro-autonomie », avec leurs publics, leurs cultures et leurs « contre-cultures », qui ont commencé à faire entendre leurs opinions et leurs revendications. En général, la vie culturelle — entre culture « officielle » et culture « dissidente » — a servi de banc d'essai à ces premières manifestations spontanées d'une opinion publique. A cet égard, le cas du chanteur V. Vyssotski (mort en 1980, à l'âge de 42 ans) est exemplaire de l'émergence à la fois d'une culture parallèle et de structures informelles qui ont touché un public bien plus large que les cercles traditionnels de l'intelligentsia moscovite ou léningradoise. Voici un chanteur, mal vu des autorités parce que ses chansons contestataires, populistes et amères dénonçaient toutes les tares du système (de son vivant, un seul microsillon de ses chansons fut édité), devenu un véritable porte-parole des déshérités et des laissés-pour-compte, qui était écouté par des dizaines de millions d'auditeurs de tous les milieux (grâce à des millions de cassettes pirates). Ses funérailles sont l'occasion de la manifestation spontanée la plus importante qu'ait connue la capitale soviétique depuis 1927 !

L'existence de ce type de phénomènes est bien le signe de l'émergence, dans les années 1970-1980, non seulement de contre-cultures de masse, mais aussi d'une véritable société civile. Comme l'écrivait, en 1989, l'historien Moshe Lewin : « Par société civile, nous entendons l'agrégat de réseaux et d'institutions qui soit existent et agissent indépendamment de l'Etat, soit émanent de l'Etat tout en élaborant de manière autonome leur point de vue sur des questions d'intérêt local ou national, puis tentent de convaincre leurs membres, les petits groupes et, en fin de compte, les autorités... Peu à peu, l'opinion publique, les mouvements d'humeur et les réactions du public pénètrent les organismes d'Etat et le Parti... Le concept d'une société civile fonctionnant au cœur même du bastion de l'étatisme — parmi de larges couches de fonctionnaires, de "leaders d'opinion" politiques et jusque dans l'appareil du Parti — lance un défi certain aux idées reçues sur l'Etat soviétique. Mais c'est un concept nouveau pour une situation nouvelle. »

III. — **Une participation sollicitée, une unanimité de façade**

Conscient de la nécessité de remplir et de contrôler les espaces de micro-autonomie qui étaient en train de se former, le régime s'efforça d'institutionnaliser la vie sociale et de réactiver — certes dans une moindre mesure qu'au temps de Khrouchtchev — la participation de la société à la vie publique.

Le concept même « d'Etat du peuple tout entier », mis à l'honneur au début des années 1960, l'affirmation d'une « démocratie socialiste », avec son rituel d'élections, censées contribuer à l'intégration de la société soviétique et véhiculer un modèle social incarné par les candidats, le développement d'un réseau étendu de comités du « contrôle populaire », de « milices populaires », le fonctionnement plus actif (bien que contrôlé par les instances supérieures) des soviets vont dans le même sens d'une participation sollicitée. Tout au cours de la période, le Parti reste une structure essentielle de participation. En quinze ans (1965-1980), le nombre de ses adhérents augmente de 42 %, au rythme d'un demi-million d'adhésions par an, pour atteindre le chiffre de 17 millions de membres du PCUS au début des années 1980. Le recrutement tend de plus en plus à privilégier les « meilleurs », c'est-à-dire les plus instruits, dans un système où l'intellectuel ne pouvait être qu'un « intellectuel issu du peuple », l'ancienne intelligentsia ayant été contrainte à l'exil ou brisée par les purges. Parmi les nouveaux adhérents (fin des années 1970-début des années 1980), près de 50 % d'entre eux avaient terminé des études supérieures. En réalité, la carte du Parti constitue, de plus en plus, un « complément » utile au diplôme, facilitant une carrière, mais n'impliquant qu'un engagement minimal et formel : celui de respecter « les règles du jeu », dont la principale est de ne pas critiquer ouvertement le régime, de fermer les yeux sur les contradictions entre le discours politique et le quotidien du « socialisme réel », marqué par l'apathie, l'adhésion de façade, le cynisme, la corruption, et, plus largement, par la prédominance des intérêts individuels sur les intérêts collectifs. Dans ces conditions, le communiste devient « l'homme double » par excellence, capable de servir le régime, sans partager au fond de lui-même les convictions qu'il exprime à haute voix.

Sur les 17 millions de communistes, un quart environ (4 millions) exerce une fonction élective, au sein d'une des 400 000 organisations de base. Ces quatre millions de personnes, qualifiés rapidement « d'activistes », constituent, en principe, le « vivier politique » dans lequel sont choisis les « permanents » du PCUS (400 000 personnes environ). En réalité, la promotion de la base vers le sommet est de plus en plus bloquée : la voie élective assurant — comme dans les années 1930 — la promotion d'activistes de base mène de moins en moins aux postes enviés figurant sur les différentes listes de nomenklatura aux différents niveaux du pouvoir, du district, de la région, de la République, de l'Union. Ces listes de nomenklatura sont en fait de plus en plus dépendantes de fonctions précises dans l'administration politique et économique, auxquelles les postulants sont directement nommés par leur administration de tutelle. Les années 1970-1980 voient une très forte fermeture des voies de promotion, qui ont de plus en plus tendance à fonctionner en circuit fermé. Durant ces années de grande stabilité politique et de restauration conservatrice, la nomenklatura — notion passée dans la terminologie internationale depuis la publication du livre à succès de M. Voslensky — parvient à se cristalliser en véritable caste, avec ses privilèges et son statut social. La stabilité politique des années brejnéviennes permet l'épanouissement d'élites puissantes, sûres d'elles, attachées à leurs avantages et à la possibilité de se reproduire sans crainte du lendemain. Mais cet enracinement des élites, constituées en réseaux de pouvoir, voire en clans ou en « féodalités », avec leur hiérarchie, leur territoire, leur clientèle entre en contradiction avec l'autre volet de la politique sociale du régime, l'encouragement à une participation massive. Pourquoi participer, si on ne peut, au mieux, qu'accéder à un statut honorifique, mais illusoire, de sub-élite ? A l'heure où les passerelles de promotion sociale se ferment, où la nomenklatura se fige, où s'affirme une séparation croissante entre ceux qui ont le pouvoir (« eux ») et le « petit peuple » (« nous »), la participation sollicitée par le régime pour tenter de contrôler les nouveaux espaces d'autonomie que risque de s'approprier la société civile ne peut être que de plus en plus formelle.

Une des formes les plus répandues de réponse sociale au discours du pouvoir est l'adhésion de façade, qui masque en réalité un formidable laisser-aller. Cette attitude est particulièrement fréquente dans le monde ouvrier, où elle apparaît comme le dernier avatar d'une résistance passive expérimentée avec succès depuis les grandes offensives productivistes des années 1930. Cette adhésion de façade, abondamment relayée par les organes locaux du pouvoir, contente tout le monde et masque les problèmes. Les rares initiatives des dirigeants vieillissants sont ressassées, commentées, paraphrasées par les « collectifs de travailleurs », reprises dans les innombrables rapports lénifiants adressés aux autorités centrales. Mais cette adhésion de pure forme va de pair avec un immense laisser-aller dans le travail et un manque total de conscience professionnelle, que révèlent les désastreuses statistiques de productivité de la fin de l'ère brejnévienne.

IV. — Les formes de désaccord et de l'exclusion

Tandis que les formes « d'arrangement » et de résistance passive demeurent très largement majoritaires, des formes plus actives de désaccord commencent à se manifester, à partir de la seconde moitié des années 1960. Les archives aujourd'hui disponibles révèlent à quel point ces formes de désaccord restaient à la fois minoritaires et dérisoires : pour la première moitié des années 1960, les rapports du KGB font état de 1 300 « opposants clandestins » en 1961, de 2 500 en 1962, 4 500 en 1964, 1 300 en 1965. Les activités de ces rares « éléments antisoviétiques » se bornent en général à la diffusion de quelques tracts, à l'écriture de graffiti, à l'envoi, aux administrations, de lettres anonymes critiquant le régime. L'absence d'organisation de ces « opposants » est flagrante, tout comme l'indigence de leur « programme ». Ces groupuscules sont poursuivis, certains de leurs membres emprisonnés, mais d'autres — preuve que les temps avaient bien changé — ne font l'objet que d'un « entretien prophylactique d'avertissement ». En définitive, comme le reconnaît, en 1973, Iouri Andropov, le chef du KGB, « ces mineurs, ces malades mentaux et ces criminels... ne troublent guère une situation globalement normale dans le pays ».

En réalité, la perturbation vient désormais d'ailleurs : moins de ceux qui enfreignent la loi que de ceux qui mettent un point d'honneur à faire respecter la Constitution. Les « dissidents », ces opposants d'un type nouveau, provoquent par leur comportement une véritable révolution copernicienne. Leur démarche va à l'encontre des pratiques clandestines des « opposants antisoviétiques ». Il ne s'agit plus de nier la légitimité du régime, mais d'exiger le strict respect des lois soviétiques, de la Constitution et des accords internationaux signés par l'URSS. Les modalités de l'action dissidente sont en conformité avec ce nouveau principe : refus de la clandestinité, ouverture au monde, transparence du mouvement, large publicité des actions entreprises grâce au recours, aussi fréquent que possible, à la conférence de presse avec invitation de correspondants étrangers. Une telle révolution n'est évidemment possible que parce que l'Etat lui-même a changé. Il s'efforce désormais de ne pas enfreindre trop ouvertement la « légalité socialiste ». Autre facteur décisif dans l'éclosion du mouvement dissident : l'importance que prend désormais l'opinion publique internationale dans une conjoncture mondiale marquée à la fois par la Détente et par une forte dégradation de l'image de l'URSS dans le monde.

De ce phénomène de la dissidence, le monde extérieur retient avant tout quelques images fortes : le geste symbolique de protestation de huit personnes, le 25 août 1968, en pleine place Rouge, contre l'intervention soviétique en Tchécoslovaquie; l'expulsion d'Alexandre Soljenitsyne d'URSS peu après la publication de *L'archipel du Goulag*, qui allait, en quelques mois, devenir un best-seller mondial; l'internement de quelques dissidents célèbres, Boukovski, Pliouchtch, le général Grigorenko, dans des « hôpitaux psychiatriques », l'exil à Gorki, en 1980, de l'académicien contestataire Andrei Sakharov et de sa femme Elena Bonner. Mais il existe bien d'autres formes, moins spectaculaires, de désaccord, qui permettent de ne pas se mettre au ban de la société, toute une gamme d'attitudes et de comportements allant de la participation à des associations de défense du patrimoine culturel ou religieux, à l'écriture « pour les générations futures » de textes impubliables alors (et qui allaient constituer l'essentiel de la littérature de la perestroïka gorbatchévienne) ou au refus de faire carrière (combien de jeunes intellectuels devinrent, dans les années 1970, balayeurs ou concierges ?).

Les formes de contestation les plus actives se développent principalement dans trois milieux : l'intelligentsia créatrice, les croyants, certaines minorités nationales.

Déçue par les atermoiements de Khrouchtchev, l'intelligentsia créatrice avait accueilli sa chute dans l'indifférence. La nouvelle équipe dirigeante, où Mikhail Souslov joue le rôle d'idéologue en chef, montre presque aussitôt sa volonté de clore définitivement l'ère du dégel culturel. En septembre 1965, les écrivains Andrei Siniavski et Iouri Daniel sont arrêtés pour avoir fait publier, sous un pseudonyme, à l'étranger, leurs écrits, d'où ils étaient revenus, imprimés, en Union soviétique. Ils sont jugés en février 1966 et condamnés à de lourdes peines de camp. Ce procès est le premier procès politique public de l'époque poststalinienne. Il est censé avoir valeur d'exemple et d'avertissement; son importance réside dans le fait que les accusés sont des écrivains condamnés au nom de l'article 70 du Code pénal, adopté sous Khrouchtchev, qui définit le délit « d'agitation ou de propagande menée dans le but de saper ou d'affaiblir le pouvoir soviétique... au moyen d'assertions calomnieuses dénigrant l'Etat et la société ». Cet article est désormais largement utilisé pour réprimer les diverses formes de dissidence. Le procès de Siniavski et de Daniel marque aussi les débuts de la dissidence. Le 5 décembre 1965, une manifestation de soutien réunissant une cinquantaine de personnes se déroule sur la place Pouchkine, à Moscou. Pour la première fois, deux revendications inédites sont mises en avant : le respect de la Constitution et la publicité des débats — la glasnost — lors du procès de Siniavski et de Daniel. Malgré les lourdes peines infligées aux accusés, cette « affaire » démontre que l'Etat ne peut plus agir en toute impunité. Une nouvelle forme de résistance est née.

Dans les milieux de l'intelligentsia, le procès de Siniavski et de Daniel suscite des réactions qui témoignent du chemin parcouru depuis l'Affaire Pasternak : 63 membres de l'Union des écrivains, auxquels se joignent aussi plus de 200 intellectuels, adressent une lettre collective au XXIIIe Congrès du Parti et au Présidium du Soviet suprême leur demandant de mettre les écrivains condamnés en liberté sous caution. Le procès de Siniavski et de Daniel est suivi d'autres arrestations et d'autres condamnations, notamment celles d'Alexandre Guinzbourg, qui avait composé un *Livre blanc* des protestations contre le procès de février 1966, de Pavel Litvinov et Georgui Galanskov, fondateurs de la revue de « samizdat » *Phenix-66,* d'Alexandre Martchenko, auteur du premier livre *(Mon témoignage)* sur les camps de la période khrouchtchévienne, largement diffusé en samizdat. A partir d'avril 1968, la dissidence réussit à éditer la *Chronique des événements courants,* qui parut tous les deux ou trois mois, signalant toutes les atteintes aux libertés. Mais cette expérience ne dure guère ; décapitée par une vague d'arrestations en octobre 1972, la rédaction de la revue se reconstitue difficilement et sa publication devient de plus en plus épisodique.

A la fin des années 1960, les principaux courants de la dissidence se regroupent en un « Mouvement démocratique », aux structures très lâches, comprenant les représentants des trois « idéologies » qui se sont constituées dans la période poststalinienne comme autant de programmes d'action : le « marxisme-léninisme authentique » (représenté notamment par Roy et Jaures Medvedev), le « libéralisme occidentaliste » (incarné par Andrei Sakharov) et l' « idée chrétienne et slavophile » (défendue par Alexandre Soljenitsyne). Ces trois grandes orientations réémergent avec force, dans un autre contexte, au cours des premières années de la perestroïka, marquées par une véritable libéralisation de la parole. Le premier programme part de l'idée selon laquelle, après la « déviation stalinienne », un « retour aux sources léninistes » permettra d'assainir la vie politique et sociale. Le second croit possible une évolution de l'URSS vers une progressive démocratisation politique, par un phénomène de « convergence » avec la civilisation occidentale. Le troisième propose comme fondements de la vie sociale les valeurs morales chrétiennes, tout en soulignant la spécificité de la Russie, de la voie russe. Déchiré entre ces trois courants différents, le « Mouvement démocratique » demeure très marginal, ne comptant, tout au plus, que quelques centaines de sympathisants parmi l'intelligentsia. En réalité, l'ensemble du mouvement dissident, marginalisé et isolé à l'intérieur du pays, ne tient que grâce à la force de caractère de quelques personnalités d'exception et à l'action de deux figures emblématiques, Alexandre Soljenitsyne et Andrei Sakharov, qui acquièrent rapidement une dimension internationale.

Dans le rapport de force, très inégal, entre une poignée de dissidents et l'Etat soviétique, le poids de l'opinion internationale devient peu à peu déterminant. Il bascule définitivement en faveur de la dissidence après la parution, en Occident, du livre d'Alexandre Soljenitsyne, *L'archipel du Goulag,* en décembre 1973, puis l'expulsion hors d'URSS du prix Nobel de littérature en février 1974. En quelques années (fin des années 1960-début des années 1970), la question des droits de l'homme en Union soviétique devient une affaire internationale de première importance, qui altère durablement l'image de l'URSS dans le monde. De manière significative, une part notable des travaux de la Conférence sur la sécurité et la coopération en Europe, qui débute en 1973 à Helsinki, est plus ou moins consacrée au problème des droits de l'homme en URSS et dans les pays de l'Europe de l'Est. L'acte final de la conférence d'Helsinki fournit d'ailleurs aux dissidents l'occasion de se prévaloir de nouveaux droits reconnus désormais par un traité international qui engage l'Union soviétique. Il relance le combat des dissidents, qui mettent sur pied, dans un certain nombre de villes, des « comités de surveillance des accords d'Helsinki » chargés de coordonner les informations sur les violations des droits de l'homme. Dans ce contexte nouveau, la machinerie administrative et policière est en partie bridée. Elle a beau suivre pas à pas tous les instants de la vie du dissident, elle cesse d'être omnipotente à partir du moment où l'opposant est pris en charge par une organisation humanitaire étrangère. Certes, le KGB, cette « institution lumineuse dans sa fierté d'assurer la défense de la société soviétique, à l'intérieur comme à l'extérieur » (I. Andropov), remporte encore une série de succès spectaculaires dans sa lutte contre les dissidents — arrestation des membres du « Comité pour la défense des droits civiques », fondé en 1970 par Andrei Sakharov, des membres du « Groupe de surveillance de l'application des accords d'Helsinki », créé par I. Orlov, de militants des mouvements nationalistes ukrainiens, géorgiens, arméniens, baltes — mais l'image de l'URSS à l'étranger ne cesse de se dégrader, et peu à peu les dissidents parviennent à entraîner l'Etat sur leur propre terrain, celui du droit. Avec la perestroïka, les nouveaux dirigeants soviétiques se réapproprient le discours dissident : les idéaux de la dissidence — le respect de la Constitution, la glasnost — constituent ainsi le socle du projet gorbatchévien de réformes impulsé en 1985-1986. Pour avoir fait douter le pouvoir de sa légitimité, pour l'avoir contraint à se justifier aux yeux de l'opinion internationale, pour lui avoir fait croire que le système était encore réformable de l'intérieur, la dissidence n'a pas peu contribué à la désagrégation de l'Union soviétique.

Hors de quelques cercles restreints de l'intelligentsia, la contestation active se développe aussi dans quelques autres milieux, tout en gardant toujours des formes très marginales. Parmi ces milieux, citons :

— Les milieux catholiques de Lituanie.

— La communauté juive. Face à un antisionisme d'Etat de plus en plus marqué, plusieurs dizaines de milliers de juifs demandent, notamment à partir du début des années 1970, à émigrer en Israël. La courbe des autorisations de départ (13 700 en 1971, 29 800 en 1972, 33 500 en 1973, mais 9 400 seulement en 1974, 4 600 en 1975) suit les fluctuations de la Détente. La question du droit des juifs soviétiques à l'émigration devient ainsi une des questions majeures dans les relations soviéto-américaines.

— La communauté allemande. Dans cette communauté de près de deux millions de personnes, les demandes d'émigration connaissent une forte croissance à partir de 1973. Le refus des autorités de laisser émigrer plusieurs dizaines de milliers de personnes par an suscite naturellement des tensions tant sur le plan interne que sur le plan international.

— Certains milieux intellectuels des minorités nationales, notamment en Ukraine, en Géorgie, en Arménie, dans les pays baltes, inquiets face à une politique de russification visant à rendre le russe obligatoire pour certains examens du supérieur ou à l'imposer comme seconde langue nationale.

Dans un pays où tout pouvoir est toujours resté étranger à l'expression libre d'opinions non conformes qui exprimeraient leur désaccord sur la nature même du pouvoir, la dissidence, expression d'une opposition radicale, d'une autre conception politique défendant, face aux droits de la collectivité, ceux de l'individu, ne peut guère avoir de prise sur le corps social. L'exemple du monde ouvrier est, à cet égard, éclatant. Les deux tentatives de créer un syndicat indépendant (celle de l'ingénieur Klebanov, fin 1977, puis celle des militants du mouvement en faveur des droits de l'homme, qui mettent sur pied, fin 1978, le SMOT — « Union interprofessionnelle libre des travailleurs ») font long feu. Néanmoins, comme le révèlent les documents aujourd'hui accessibles, les mouvements de grève, certes encore peu nombreux, ne constituent plus, dans les années 1975-1985, une forme d'action exceptionnelle : diverses sources font état d'une soixantaine de grèves importantes au cours de cette décennie. Mais le mécontentement populaire face aux pénuries, aux problèmes de la vie quotidienne en général, continue à se manifester principalement sous des formes passives (faible productivité, laisser-aller sur le lieu de travail, absentéisme) ou détournées (grande mobilité, alcoolisme). Par ailleurs, dans les multiples aires d'autonomie réduite nées à la faveur des évolutions socio-économiques mentionnées plus haut, tant au sein de la sphère politique proprement dite qu'en dehors d'elle, dans la sphère culturelle ou sur le territoire de certaines sciences sociales, se développent discussions, activités, productions, contre-cultures qui, si elles ne relèvent pas d'une attitude véritablement « dissidente », témoignent d'un décalage de plus en plus important par rapport aux normes et aux valeurs du discours officiel.

Parmi ces manifestations de désaccord, les plus significatives sont :

— La contestation culturelle d'une grande partie de la jeunesse urbaine, attirée par des modèles occidentaux (notamment musique pop, puis rock).

— Le militantisme écologique (campagnes menées sous les auspices de l'écrivain Zalyguine contre la pollution du lac Baïkal, de l'écrivain sibérien Raspoutine contre les projets de dérivation des fleuves sibériens, etc.).

— La critique des dysfonctionnements de l'économie et de la société, élaborée au sein d'équipes souvent prestigieuses travaillant dans des centres « éloignés » du pouvoir (Novossibirsk).

— La production d'œuvres non conformistes dans tous les champs de la création intellectuelle ou artistique.

Toutes ces manifestations, ces courants, ces réflexions, ces productions vont prendre leur essor et gagner leur reconnaissance à la faveur de la politique de « glasnost » initiée en 1985-1986 par M. Gorbatchev.

Chapitre VI

L'URSS ET LE MONDE

Depuis la fin de la Seconde guerre mondiale, la politique extérieure de l'URSS s'était jouée sur plusieurs terrains. Terrains « traditionnels », marqués par la « double politique » menée depuis les débuts de l'Union soviétique, celle — visible — de la diplomatie proprement dite de l'Etat soviétique, celle — largement cachée — des rapports entre le PCUS et le réseau des partis communistes étrangers. Terrains nouveaux, avec les nouveaux rapports entre l'URSS et ses pays satellites, entre les pays satellites et le reste du monde. L'articulation entre ces diverses politiques dépendait à son tour de plusieurs variables, notamment des données propres de la politique intérieure soviétique.

Au moment où la nouvelle équipe prend le pouvoir, en octobre 1964, le passif accumulé par la politique extérieure « volontariste » de Khrouchtchev est assez lourd : la cohésion du camp socialiste est ébranlée ; les rapports Est-Ouest, après la crise de Cuba, restent tendus et le problème allemand n'est toujours pas réglé ; enfin, la politique soviétique vis-à-vis du Tiers Monde n'a pas tenu ses promesses.

Pour la nouvelle équipe, trois orientations apparaissent essentielles :

— mettre un terme au processus de désintégration du camp socialiste, intégrer davantage — politiquement, militairement, économiquement — les pays satellites à l'URSS ;

— normaliser les relations Est-Ouest. Cette orientation ne se concrétise toutefois que lorsque l'aggravation du conflit avec la Chine et le rapprochement sino-américain eurent amené les dirigeants soviétiques à une nouvelle perception des menaces;
— maintenir une politique de présence et de soutien aux mouvements ou régimes « progressistes » dans le monde.

Ces trois orientations, illustrées par trois épisodes clés de la politique extérieure soviétique des années 1965-1985 (l'intervention soviétique en Tchécoslovaquie en août 1968, la signature des deux premiers accords soviéto-américains sur la limitation des armements stratégiques en mai 1972, l'intervention soviétique en Afghanistan en décembre 1979) ne vont évidemment pas toutes dans le même sens, celui d'une détente des relations internationales. Elles ne sont pas incohérentes pour autant et ne témoignent pas nécessairement — comme le supposèrent longtemps les observateurs étrangers — d'affrontements entre « colombes » et « faucons » au sein de la direction soviétique. Il existe en réalité une indéniable logique entre les actions, en apparence très différentes, menées dans chacun des trois champs de la politique extérieure soviétique : le camp socialiste, le domaine des relations Est-Ouest, le Tiers Monde.

I. — L'URSS et le camp socialiste

La nouvelle équipe au pouvoir s'emploie d'abord à apaiser les tensions avec la Chine, en ajournant notamment la conférence des partis communistes que Khrouchtchev avait convoquée — pour condamner la direction du Parti communiste chinois — le 15 décembre 1964. A la conférence de La Havane (décembre 1964), l'URSS, soucieuse de faire oublier sa reculade dans l'affaire des missiles, soutient à fond

Cuba dans la reconnaissance de la lutte armée révolutionnaire comme moyen de prise du pouvoir en Amérique latine. Elle accorde également une importante aide économique et militaire à la Corée du Nord et au Vietnam du Nord, à un moment où s'accélère l'escalade de l'engagement armé américain en Indochine.

Les thèses politiques adoptées par le XXIIIe Congrès du PCUS (mars 1966) traduisent ce durcissement de la politique extérieure soviétique depuis la chute de Khrouchtchev. La coexistence pacifique n'y est plus définie comme « la ligne générale de la politique extérieure de l'URSS »; l'accent est mis sur « la compétition, plus vive que jamais, entre les deux camps ». Dans ce contexte, priorité doit être naturellement donnée au resserrement des rangs du camp socialiste.

Malgré les indéniables progrès réalisés dans ce domaine depuis 1964, de nombreux problèmes subsistent, notamment avec les Cubains, les Chinois et bientôt les Tchèques. Au XXIIIe Congrès du PCUS, le délégué cubain reproche aux Soviétiques leur attitude timorée dans le conflit américano-vietnamien. Or, dans cette affaire, la direction soviétique entend rester très prudente. Les dirigeants soviétiques refusent toujours, par exemple, de livrer aux Vietnamiens du Nord certaines armes (missiles sol-mer, non nucléaires, qui auraient pû détruire des navires de la VIIe flotte américaine) susceptibles de faire monter d'un nouveau cran le conflit.

Avec la Chine, les relations restent tendues, mais l'entrée de la Chine en « Révolution culturelle » (début 1966) enferme ce pays, à la grande satisfaction de l'URSS, dans un isolement diplomatique quasi total : au cours de ces années, la direction chinoise dénie le qualificatif « socialiste » à la plupart de ses alliés les plus proches, tels Cuba, la Corée du Nord ou le Vietnam du Nord !

En Europe de l'Est, les Soviétiques ont réussi, depuis les événements de 1956, une certaine « normalisation ». En Hongrie notamment, la « kadarisation » constitue un exemple inédit de réussite d'une remise en ordre plutôt bien supportée par la population. La vie politique est restée sous le contrôle absolu du Parti communiste, mais une certaine ouverture s'est manifestée dans le domaine culturel ; surtout, une habile politique économique assure des conditions de vie exceptionnelles par rapport à celles que connaissent les autres démocraties populaires.

La situation hongroise contraste vivement avec celle de la Tchécoslovaquie, pays qui, avant-guerre, avait connu un dynamisme incomparable dans cette partie de l'Europe. La rigidité de la direction communiste, les échecs économiques alimentent une contestation qui, dépassant les cercles restreints de l'intelligentsia, gagne une partie de l'appareil.

En juin 1967, sur l'initiative d'écrivains communistes, le Congrès des écrivains critique vivement la politique suivie par le Parti. A l'automne, l'agitation gagne les milieux étudiants. En janvier 1968, devant la montée des mécontentements, Novotny doit céder la direction du Parti à Alexandre Dubcek. Soucieuse d'établir sa crédibilité, la nouvelle équipe se lance dans une série de réformes. Dans un climat libéré de toute censure, les événements se précipitent : le Parti accepte l'élection de ses responsables ; les petits partis minoritaires peuvent reprendre leur autonomie et faire valoir des points de vue différents. Il est même envisagé de faire revivre un véritable parti d'opposition, d'orientation social-démocrate. Sur le plan économique, est sérieusement discutée une réforme prévoyant, dans le cadre d'une planification indicative, une large autonomie des entreprises.

D'abord accueilli plutôt favorablement à Moscou, le changement d'équipe à Prague paraît déboucher, au terme d'une évolution très rapide et, semble-t-il, incontrôlée, sur une véritable remise en cause du système politique imposé par l'URSS aux pays de l'Europe de l'Est. L'exemple tchèque est ressenti, notamment par les dirigeants est-allemands et polonais, comme particulièrement contagieux. Aussi multiplient-ils pressions et menaces à peine voilées lors des conférences que les partis communistes des pays de l'Est européen tiennent à Dresde (mars 1968), puis à Varsovie (juillet 1968, en l'absence du PC tchécoslovaque, qui, violemment mis en accusation à Dresde, a refusé de se rendre à cette nouvelle réunion). La rencontre entre Brejnev et Dubcek à Cierna et la Conférence des six partis à Bratislava (3 août 1968) ne permettent pas de rapprocher les points de vue divergents, les communistes tchèques refusant de revenir sur les réformes qu'ils ont entreprises. Finalement, l'intervention, « à l'appel de camarades tchécoslovaques », est décidée, non sans hésitations du côté soviétique, mais avec l'appui insistant de la RDA. Dans la nuit du 20 au 21 août 1968, les troupes des cinq membres du Pacte de Varsovie envahissent la Tchécoslovaquie. La résistance de la population convainc les Soviétiques de la nécessité d'une « période de transition » (accords de Moscou sur la « normalisation », le 26 août ; accords de Prague sur le « stationnement temporaire des troupes du Pacte de Varsovie en Tchécoslovaquie », le 16 octobre). Mais la poursuite des manifestations d'hostilité à l'occupation décident les Soviétiques à éliminer complètement l'équipe de Dubcek et de mettre à la tête du Parti Gustav Husak (17 avril 1969), qui fait procéder dans tout le pays à une large épuration, signe (6 mai 1970) un nouveau traité d'alliance avec l'URSS et fait approuver par le Comité central l'intervention d'août 1968.

Quelles considérations dictent cette intervention des armées du Pacte de Varsovie à Prague ? Deux types de raisons peuvent être distinguées : les premières, d'ordre stratégique et de politique extérieure ; les secondes, sans doute les plus importantes, d'ordre intérieur, renvoyant au problème de la cohésion interne du système soviétique.

Avec la Pologne et la RDA, la Tchécoslovaquie constituait une pièce maîtresse du dispositif stratégique du Pacte de Varsovie. Les Soviétiques ne pouvaient que s'inquiéter de certaines déclarations de hauts dirigeants politiques tchèques sur la nécessaire réduction de l'influence soviétique dans le commandement unifié. La RDA, pays qui s'avéra être le plus hostile au « Printemps de Prague », craignait, par ailleurs, un rapprochement, souhaité par Prague, de la Tchécoslovaquie avec la RFA. Enfin, le développement de relations privilégiées entre la Yougoslavie, la Roumanie et la Tchécoslovaquie (Tito, puis Ceaucescu avaient été triomphalement reçus à Prague peu de temps avant l'intervention d'août 1968) pouvait faire craindre à Moscou la résurgence, sous une nouvelle forme, de la « Petite Entente » qui avait lié ces trois pays avant guerre.

Plus encore que ces questions de politique extérieure, c'est l'évolution interne du Parti communiste tchécoslovaque qui inquiète les dirigeants soviétiques. L'abolition de la censure, le processus de démocratisation et de « social-démocratisation » ne risquent-ils pas de se propager en URSS ? A la différence de ce qui s'était passé en 1956, les motifs d'intervention militaire reposent, en 1968, en réalité beaucoup plus sur des risques redoutés que sur des dangers concrets. Profondément conservatrice, la direction soviétique n'était pas disposée à relever les défis d'une situation qui risquait à tout moment d'échapper à son contrôle.

La « normalisation » de la Tchécoslovaquie a pour conséquence d'accélérer le processus d'intégration — tant militaire qu'économique — de l'Europe de l'Est à l'Union soviétique. En dehors du Pacte de Varsovie et du Comecon, l'Union soviétique suscite la constitution, notamment dans les années 1970, de plusieurs dizaines d'institutions interétatiques, chargées de réglementer l'organisation des transports, la production et la distribution de l'énergie, la coordination du fret, des industries lourdes et des filières de biens de consommation, la production de matériel militaire. Ainsi est mis en application, par-delà « l'incident de Prague », le principe dit de « souveraineté limitée », résultat de la doctrine élaborée en 1968 par Brejnev de « l'internationalisme prolétarien ». Ce processus d'intégration croissante, au bénéfice de l'Union soviétique, suscite un certain nombre de résistances. Les premières viennent de Roumanie, qui rejette, en 1974, la tentative soviétique d'établir une coordination encore plus étroite du Commandement Militaire.

Néanmoins, ce sont les Polonais, qui, à terme, vont ouvrir la brèche la plus importante dans le système. En 1970, une hausse brutale des prix déclenche des manifestations ouvrières dans les ports de la Baltique. Gomulka doit céder le pouvoir à Gierek. Pendant une dizaine d'années, le régime polonais a recours à une gestion économique laxiste, reposant sur de fortes importations permettant, dans l'immédiat, de retarder les réformes de structure, mais conduisant l'économie polonaise à un endettement exceptionnel. A la fin des années 1970 le régime est finalement contraint à de nouvelles hausses des prix alimentaires, qui déclenchent un nouveau cycle de grèves. Celles-ci culminent à Gdansk durant l'été 1980. Le gouvernement n'a alors d'autre choix que de reconnaître l'existence d'un syndicat indépendant, Solidarnosc, dont le réseau couvre, en quelques semaines, tout le pays. Sans prétendre instituer une forme d'autogestion des entreprises, Solidarnosc se présente comme un contre-pouvoir qui prend en compte les aspirations de la société polonaise. Face à cette situation inédite, la direction soviétique, comme le révèlent certains documents aujourd'hui accessibles, hésite à intervenir directement, comme elle l'avait fait à Prague, et préfère confier la « normalisation » à un Polonais, le général Jaruzelski. Signe d'une évolution majeure depuis 1968, l'URSS a beau ne pas intervenir militairement, la « normalisation » consécutive au coup de force du général

Jaruzelski (13 décembre 1981) est portée, par l'opinion internationale, au passif de l'URSS. Cette situation montre à quel point l'image de l'URSS, dont l'action était désormais associée à la répression des droits de l'homme chez elle comme chez ses voisins, s'est dégradée en treize ans.

II. — La « Détente » et ses limites

Dans le domaine des relations Est-Ouest, le début des années 1970 semble marquer un changement radical, dans le sens d'une réelle « détente ». Jusqu'alors, la guerre du Vietnam, la priorité donnée par l'URSS au resserrement de la cohésion du camp socialiste avaient empêché la conclusion de tout accord direct important entre les deux superpuissances (exception faite du traité sur la non-prolifération des armes nucléaires, signé le 1er juillet 1968). En réalité, dans la seconde moitié des années 1960, l'URSS négocie plus directement avec la France et la RFA. Après le retrait de la France de l'OTAN (mars 1966), le général de Gaulle se rend à Moscou en juin 1966. Sa visite inaugure des relations privilégiées pour l'époque entre la France et l'URSS, concrétisées par la mise sur pied d'une commission mixte chargée de développer les échanges entre les deux pays.

Avec la RFA, les relations se normalisent à la suite de la venue au pouvoir (octobre 1969) du chancelier Willy Brandt, décidé de mettre en œuvre une Ostpolitik active. Les négociations avec l'URSS aboutissent à la conclusion, à Moscou, le 12 août 1970, d'un traité sur la renonciation à l'usage de la force dans les relations entre les deux pays. Ce traité reconnaît, en outre, la frontière Oder-Neisse. Cette avancée décisive est consolidée par d'autres accords : traité entre la RFA et la Pologne (3 décembre 1970) ; accord entre les quatre Puissances occupantes, qui maintient le statu quo en vigueur à Berlin et garantit la liberté d'accès à Berlin-

Ouest; traité bilatéral de reconnaissance mutuelle entre la RFA et la RDA (21 décembre 1972).

Après la normalisation des relations entre l'URSS et la RFA, qui représente un indéniable succès pour la diplomatie soviétique dans la mesure où les traités signés en 1970 reconnaissent l'ordre territorial et politique établi en Europe de l'Est par l'Armée rouge à l'issue de la guerre, l'année 1972 marque un tournant très important dans les relations soviéto-américaines. De la visite du Président Nixon à Moscou, en mai 1972, jusqu'en 1975, le monde connaît une période de « détente » et de « concertation » soviéto-américaine sans précédent. L'événement-catalyseur de ce tournant est l'annonce surprise, faite simultanément en juillet 1971 à Pékin et à Washington, d'une visite du Président Nixon en Chine pour le début de 1972. Cet événement fait suite à une réorientation complète de la politique extérieure chinoise, survenant après la fin de la Révolution culturelle qui avait plongé la Chine dans un isolement international presque complet, et après les violents incidents frontaliers (mars 1969) qui avaient mis aux prises de part et d'autre de l'Oussouri forces soviétiques et chinoises.

L'ouverture de la Chine en direction des Etats-Unis constitue pour l'URSS une menace réelle : celle de voir ses deux principaux adversaires s'entendre contre elle. Pour prévenir un tel scénario, les dirigeants soviétiques s'empressent d'inviter Nixon à Moscou, presque immédiatement après l'annonce de son prochain voyage en Chine.

Le sommet Nixon-Brejnev à Moscou (mai 1972) donne l'impulsion à une série d'accords soviéto-américains. Du sommet de Moscou à celui de Washington (juin 1973, visite de Brejnev aux Etats-Unis), vingt-trois accords de concertation et de coopération sont conclus. Ils vont de la protection de l'environnement à l'utilisation pacifique de l'énergie nucléaire, en passant par la coopération dans le domaine spatial. Cette politique de « détente » comporte toutefois deux volets principaux : les accords économiques et les accords de limitation des armes nucléaires.

De 1971 à 1976, la valeur globale du commerce soviéto-américain est multipliée par huit. L'URSS bénéficie d'importants crédits et d'accords de coopération à long terme, dont elle espère la possibilité d'importer massivement de la technologie occidentale (notamment des usines clés en main) pour améliorer la productivité de l'économie soviétique, sans avoir à engager des réformes de structure. Pour l'administration américaine, ce développement des échanges doit avoir nécessairement des retombées politiques : par un effet de « convergence », l'ancrage de l'économie soviétique à l'économie mondiale entraînerait — à plus ou moins long terme — la reconnaissance de certaines libertés politiques. Néanmoins, le Congrès américain reste toujours réticent à accorder à l'URSS la clause de la nation la plus favorisée, et continue de veiller à l'embargo sur les produits de haute technologie figurant sur les listes prohibitives du Cocom. Les échanges soviéto-américains se développent donc largement au compte d'importantes ventes de céréales américaines, alors que l'agriculture soviétique s'enfonce dans l'assistanat.

De tous les accords soviéto-américains conclus au cours de la « détente », les plus remarqués sont ceux concernant la limitation des armes nucléaires. L'accord intérimaire conclu pour cinq ans, le 26 mai 1972, à Moscou, dit « SALT-1 » (Strategic Arms Limitation Talks), limite le nombre des missiles intercontinentaux (ICBM) et des missiles lancés à partir de sous-marins (SLBM) pour les deux pays. Les plafonds autorisés sont plus élevés pour l'URSS que pour les Etats-Unis, dans la mesure où l'URSS n'a pas encore entièrement maîtrisé la technique américaine qui permet à un seul missile de transporter plusieurs charges nucléaires pouvant être orientées sur des objectifs différents (MIRV).

Par cet accord, les deux superpuissances reconnaissent leur vulnérabilité réciproque et la nécessité d'un certain équilibre militaire. En novembre 1974, le Président Gerald Ford et Leonid Brejnev concluent, lors d'une rencontre à Vladivostok, un protocole de principe sur les lignes directrices qui doivent guider un nouvel accord (dit SALT-2). Ce nouvel accord, qui couvrirait la période 1977-1985, doit englober davantage de types d'armements (bombardiers à long rayon d'action, MIRV). En réalité, l'accord SALT-2 ne fut pas conclu en 1977, comme prévu, mais seulement deux ans plus tard, en 1979. Entre-temps, en effet, les relations soviéto-américaines s'étaient considérablement dégradées, à cause d'une politique soviétique offensive de « présence » dans le monde. Signé par le Président Carter et Leonid Brejnev, l'accord SALT-2 ne fut jamais ratifié par le Congrès américain, notamment en raison de l'invasion soviétique de l'Afghanistan en décembre 1979.

Le climat de « détente », à son apogée dans les années 1972-1975, est entériné par la ratification, le 1er avril 1975, par tous les pays européens auxquels se joignent les Etats-Unis et le Canada, de l'Acte final de la Conférence sur la sécurité et la coopération en Europe (CSCE). Cette ratification représente l'achèvement d'un objectif depuis longtemps recherché par l'URSS : la reconnaissance solennelle de l'ordre territorial et politique en Europe de l'Est. En échange de cette consécration du statu quo européen, les Occidentaux parviennent à faire insérer, malgré les réticences soviétiques, des articles sur le respect des droits de l'homme et la libre circulation des idées et des individus. C'est sur la base de ces articles, ratifiés par l'Etat soviétique, que s'organisent en URSS des groupes de dissidents (qui n'en sont pas moins pourchassés).

Parallèlement à la CSCE se poursuivent, à partir de 1973, entre représentants du Pacte de Varsovie et de l'OTAN, des négociations sur la réduction des forces militaires en Europe. Ces négociations butent rapidement sur le déséquilibre, en faveur des pays du Pacte de Varsovie, des forces conventionnelles déployées sur le théâtre européen. Ce déséquilibre s'accroît encore, au milieu des années 1970, par l'installation en Europe de l'Est des nouveaux missiles soviétiques SS-20 à moyenne portée (ainsi exclus des accords SALT). En 1979, l'OTAN décide de répliquer en adoptant une « double décision » : continuer les négociations sur les SALT, mais dans l'éventualité d'un échec de celles-ci, installer en Europe occidentale, en réponse à la menace des SS-20 des missiles de croisière Cruise et des fusées Pershing, capables d'atteindre le territoire soviétique.

Ces décisions entérinent la perte de confiance réciproque — si tant est qu'elle ait jamais existé — entre Occidentaux et Soviétiques, et marquent la fin de la « Détente ».

III. — La fin de la « Détente »

La « Détente » repose en réalité sur un profond malentendu. Pour les Occidentaux, elle doit être « globale » : ils acceptent le statu quo européen, et comptent, en échange, que l'URSS ne participe pas à la déstabilisation du reste du monde. Pour les Soviétiques, la « détente » se limite à l'engagement de ne pas intervenir dans la sphère occidentale. Elle ne signifie nullement le « freinage du cours de l'Histoire », marqué par un affrontement planétaire entre puissances impérialistes et anti-impérialistes, dans lequel l'URSS demeure le champion des puissances en lutte contre l'impérialisme. Dans la seconde moitié des années 1970, dans le prolongement d'une ligne suivie depuis la fin des années 1950, l'URSS poursuit la mondialisation de sa politique extérieure, en multipliant ses engagements, notamment au Proche-Orient et en Afrique.

L'URSS encourage, en particulier, l'intervention cubaine en Angola, aide elle-même le FRELIMO du Mozambique, puis intervient directement dans la corne de l'Afrique, d'abord aux côtés de la Somalie, puis, retournant son alliance, elle soutient l'Ethiopie du général Mengistu dans la guerre de l'Ogaden. Les positions acquises par l'URSS en Afrique lui ouvrent des possibilités nouvelles (bases militaires sur les deux rives de la mer Rouge, et sur la route du Cap) pour l'expansion de sa puissance navale.

Néanmoins, plus encore que les épisodes angolais et éthiopien, c'est l'intervention soviétique en Afghanistan qui sonne le glas de la « détente ».

Depuis plusieurs années déjà, l'Afghanistan se trouvait dans la mouvance de l'URSS. Le coup d'Etat d'avril 1978, qui avait porté Taraki et les communistes afghans au pouvoir, avait accentué ce processus. L'Occident n'ayant pas réagi en 1978, les Soviétiques croient, fin 1979, pouvoir agir impunément, pour empêcher l'écroulement d'un régime allié. L'intervention militaire de décembre 1979 ne pouvait-elle pas être assimilée à une opération de police de l'URSS dans une zone d'influence qui ne lui était pas contestée ? En réalité, la conjoncture internationale dans cette région du monde avait, entre 1978 et 1979, profondément changé : les Etats-Unis ont perdu leur principal appui dans la région, le chah d'Iran ; une véritable psychose pétrolière se développe ; un mois avant l'intervention soviétique à Kaboul, a lieu la prise d'otages à l'ambassade américaine de Téhéran, qui traumatise l'Amérique. Dans ce contexte, l'intervention soviétique en Afghanistan, venant après les affaires d'Angola, d'Ethiopie et l'appui soviétique à l'invasion du Cambodge par le Vietnam est ressentie comme une nouvelle étape d'un expansionnisme soviétique antiaméricain sans précédent.

L'affaire afghane ouvre donc une ère de profonde méfiance, voire de défis entre les deux Grands, qui culmine au début des années 1980, sous la présidence de Ronald Reagan, qui n'hésite pas à qualifier l'URSS « d'Empire du Mal », tandis que Soviétiques et Américains refusent même de se rencontrer lors de grandes compétitions sportives (Jeux olympiques de Moscou, en 1980 ; Jeux olympiques de Los Angeles, en 1984).

Pendant trois ans (1981-1983), les principaux efforts de la diplomatie soviétique tendent à empêcher le déploiement des euromissiles américains en Europe occidentale. Les Soviétiques tentent d'exploiter le fort mouvement pacifiste qui se développe durant ces années, notamment en RFA, en Grande-Bretagne et aux Pays-Bas, contre l'installation des Pershing. La tentative soviétique tourne court en partie à cause de la réprobation des opinions publiques occidentales devant l'évolution de la situation dans la Pologne « normalisée » avec le soutien des Soviétiques et la répression menée par le KGB contre les dissidents, sujet sensible entre tous.

Au début des années 1980, le bilan de la politique extérieure soviétique apparaît globalement négatif. L'ère de la « détente », qui avait largement profité à l'URSS tant sur le plan diplomatique qu'économique, est bien close, et l'URSS s'essouffle dans une course à la parité technologique. En Europe de l'Est, Solidarnosc a, malgré le coup de force du 13 décembre 1981, ouvert une brèche dans le système bien plus grande que celle qu'avait suscitée le « Printemps de Prague ». Dans le Tiers Monde, la présence soviétique reste assez fragile : le soutien à Cuba est un véritable gouffre financier ; le régime sandiniste vacille ; le Vietnam s'embourbe dans une guerre sans perspective au Cambodge ; l'Ethiopie « marxiste » connaît une des plus terribles famines de l'après-guerre ; l'Angola et le Mozambique sont déchirés par la guerre civile. Enfin, et surtout, l'Afghanistan mobilise un corps expéditionnaire de plusieurs centaines de milliers d'hommes dans une « sale guerre » très impopulaire en URSS, avec ses dizaines de milliers de victimes, morts rapatriés dans le plus grand secret, « anciens combattants » blessés, mutilés, aigris et rejetés.

Chapitre VII

L'INTERRÈGNE ANDROPOV-TCHERNENKO

Avec le recul, les trente mois (novembre 1982-mars 1985) qui séparent la mort de Leonid Brejnev de la nomination de Mikhail Gorbatchev à la tête du PCUS apparaissent comme une période d'immobilisme, d'attente indécise d'une « gérontocratie au pouvoir » incapable de prendre les mesures urgentes qu'imposait une situation dégradée, tant sur le plan économique que sur le plan international.

Toutefois, la nomination de Iouri Andropov, inhabituelle par sa rapidité (le chef du KGB fut désigné pour succéder à L. Brejnev moins de quarante-huit heures après le décès de ce dernier) avait suscité, sinon l'espoir d'une nouvelle « détente », du moins de très nombreuses interrogations sur le « cours nouveau » que ne manquerait pas d'impulser le chef du KGB. Etait-ce le signe que la police politique était en train de prendre le dessus sur le Parti ? Le KGB allait-il remettre en cause la légitimité d'un appareil politique gangrené par la corruption et les mafias ? Toutes ces spéculations allaient faire long feu. Non seulement I. Andropov ne resta au pouvoir qu'une quinzaine de mois (novembre 1982-février 1984) mais après sa mort, le pouvoir suprême revint à Constantin Tchernenko, le rival malchanceux qui avait été évincé de la succession de L. Brejnev au profit d'Andropov. Les treize mois au cours desquels C. Tchernenko occupa le poste de secrétaire général ne se distinguèrent guère de « l'épisode Andropov ». L'interrègne commença et s'acheva dans l'immobilisme.

I. — La permanence des problèmes intérieurs

Au cours de « l'interrègne » Andropov-Tchernenko, aucun des problèmes majeurs sur le plan intérieur ne connaît même l'ébauche d'une solution. Certes, dans les premiers mois suivant son accession au pouvoir, I. Andropov fait illusion, donnant l'impression de vouloir introduire un certain nombre de changements : moralisation du Parti, ébauche de réforme économique.

Encore avant la mort de L. Brejnev, Andropov, à la tête du KGB, avait contribué à faire éclater plusieurs « scandales » — le « scandale du service de Catherine II », mettant en cause G. Romanov, membre du bureau politique, qui avait « emprunté » au Musée de l'Ermitage ce service inestimable pour célébrer les noces de sa fille; le « grand scandale du caviar », impliquant le ministre de la Pêche, A. Ichkov, vieil ami de Kossyguine; le « scandale de l'OVIR (bureau de l'émigration) de Moscou »; enfin, le « scandale des diamants », auquel étaient directement mêlés la fille de Brejnev, Galina, et son gendre, Iouri Tchourbanov, vice-ministre de l'Intérieur. Aussitôt après la mort de L. Brejnev, les journaux sont autorisés à évoquer ces différentes affaires. Andropov expliqua qu'il convenait « de lutter plus fermement contre toute violation de la discipline du Parti ». Le 11 décembre 1982, la *Pravda* publie, fait inhabituel, le compte rendu de la dernière réunion du bureau politique consacrée à la discussion « des nombreuses lettres émanant d'ouvriers et de kolkhoziens, mécontents de la dégradation du travail, de la falsification des statistiques, de l'affectation arbitraire des logements, des détournements de fonds et autres violations de la légalité et de la justice ». Par ce communiqué, le gouvernement signifie-t-il sa volonté de lutter contre la corruption dans les milieux de la nomenklatura ou contre toute forme d'activité illicite? En réalité, la campagne contre la corruption fait long feu. Elle n'a pour principal effet que de réactiver une certaine mobilité au sein des élites dirigeantes. Le renouvellement demeure cependant limité. Abandonnant le terrain des « grands scandales » dans lesquels étaient impliqués bon nombre de grands dignitaires de la nomenklatura, la campagne contre la corruption se transporte sur celui des formes les plus modestes d'économie parallèle, tels le travail au noir ou les petits trafics dont vivent un nombre croissant de Soviétiques, pour déboucher enfin sur une offensive — somme toute « classique » — en faveur du renforcement de la discipline. « Si tout ne se ramène pas à la discipline, tout commence par elle », déclare Andropov dans son discours du 22 novembre 1982, au cours duquel il présente son « programme de réforme économique ». Améliorer la gestion, accroître l'efficacité de l'économie en relevant la productivité du travail — tels sont les objectifs, dans le droit fil du discours brejnévien. La lutte contre les gaspillages et le renforcement de la discipline mobilisent, des mois durant, tout l'appareil de propagande. La mémoire collective retint, du passage d'Andropov au pouvoir, quelques mesures spectaculaires et hautement impopulaires : surveillance accrue de l'assiduité des travailleurs, vérifications d'identité dans les queues devant les magasins (destinées à repérer les travailleurs qui allaient au ravitaillement au lieu de travailler), descentes de police dans les bains publics (pour les mêmes raisons), réorganisation des horaires des magasins, aggravation des sanctions pour manquement à la discipline du travail...

Toutes ces mesures relèvent moins du « modèle hongrois » que de la loi martiale en Pologne. Après une légère hausse de la productivité du travail industriel (au cours du premier semestre 1983), la situation redevient comme avant.

II. — L'exacerbation des tensions Est-Ouest

En politique extérieure, les tensions Est-Ouest atteignent, durant « l'interrègne », leur paroxysme. Certes, I. Andropov fait un certain nombre de propositions pour désamorcer la crise des euromissiles, mais il se heurte au puissant lobby militaire.

Le 21 décembre 1982, I. Andropov fait une concession de taille : il propose de réduire le nombre des SS-20 en Europe à 162, c'est-à-dire au nombre des missiles français et britanniques. En contrepartie de cette réduction, l'URSS se réserve le droit de transférer les SS-20 restants dans ses territoires asiatiques, proposition que les Etats-Unis récusent, en arguant du fait que les SS-20 transférés dans la partie asiatique de l'URSS menaceraient d'autres alliés des Etats-Unis, notamment le Japon. Le 26 août 1983, en prévision de la dernière phase des négociations sur les missiles à moyenne portée, Andropov annonce que l'URSS est prête à détruire tous les SS-20 en surnombre par rapport aux missiles français et britanniques.

Cette nouvelle proposition soviétique est toutefois presque aussitôt éclipsée par la nouvelle de la destruction, par la chasse soviétique, d'un Boeing de la compagnie d'aviation civile sud-coréenne, abattu au-dessus du Kamtchatka (1er septembre 1983). Les relations soviéto-américaines se dégradent encore davantage. Le 24 novembre 1983, l'URSS annonce son retrait de la Conférence de Genève sur les euromissiles et déclare qu'elle reprend le déploiement de nouveaux SS-20 en Europe. Toutes les négociations Est-Ouest en matière d'armements sont dès lors interrompues. Elles ne reprennent, timidement, qu'au début de 1985 (rencontre Schultz-Gromyko à Genève, le 7 janvier 1985), lorsque les Soviétiques, très inquiets devant la dernière « percée technologique » américaine (l'IDS, connue sous la détermination impropre de « guerre des étoiles »), décident de réamorcer le dialogue avec les

Américains, reconnaissant par là même qu'ils sont en train de s'essouffler dans une course aux armements qui pèse d'un poids de plus en plus lourd sur une économie en crise. L'éviction du chef d'état-major général des forces armées soviétiques, le maréchal Ogarkov, relevé de ses fonctions, sans raison officielle (6 septembre 1984), révèle la gravité des tensions engendrées par la conjoncture internationale comme par la question des choix économiques intérieurs (notamment détermination du poids du secteur militaire dans une économie en crise structurelle).

Le décès de Constantin Tchernenko (9 mars 1985) place la direction soviétique devant des choix encore plus radicaux.

CONCLUSION

L'élection de Mikhail Gorbatchev, le 11 mars 1985, au poste de Secrétaire général du PCUS, ouvre la dernière phase de la période soviétique de l'histoire russe, une phase de six ans au cours de laquelle, de réforme en réforme, d'emballement en emballement, le projet gorbatchévien originel, qui n'avait pour but que de rendre plus efficient le système soviétique existant, débouche sur l'implosion de l'URSS.

La réforme impulsée par la nouvelle équipe en place n'était nullement le fruit d'une génération spontanée. En réalité, ses principales orientations avaient été abondamment discutées d'abord dans des cercles « informels », puis au sein même des instances dirigeantes du Parti, comme en témoigne le cheminement du « Rapport de Novossibirsk ». Ceux qui, en mars 1985, prirent les commandes de l'Etat et du Parti ne pouvaient ignorer l'état de crise avancée de l'économie soviétique et l'affaiblissement politique qui en résultait pour le pays sur la scène internationale. L'ampleur de la crise, sa nature même rendaient indispensable un véritable sursaut national. La réforme n'était plus, comme sous Khrouchtchev ou au milieu des années 1960, l'affaire d'un petit groupe de « réformistes » tâchant d'améliorer, par petites touches, le fonctionnement du système. Après deux décennies d'immobilisme politique, mais d'importantes mutations sociales généralement mal perçues par le pouvoir, les enjeux étaient autrement plus vastes : il ne s'agissait pas moins que de changer le mode de régulation économique, de relever le défi extérieur, de libérer l'économie et une société profondément transformée des séquelles du stalinisme et du carcan du « système administratif de commandement » mis en place dans les années 1930. En un sens, l'entreprise pouvait être comparée à la grande réforme de l'abolition du servage de 1861, consécutive au choc de la défaite russe dans la guerre de Crimée.

Les origines, comme le déroulement, puis l'échec de la perestroïka gorbatchévienne, ne peuvent se comprendre sans une approche globale des trois décennies de « sortie du stalinisme » (milieu des années 1950-milieu des années 1980) que nous avons tenté de présenter dans ce précis d'histoire de l'Union soviétique. La documentation à laquelle commencent à avoir accès les historiens sur cette période montre qu'au-delà du face-à-face — retenu par la plupart des « soviétologues » — mettant aux prises une « oligarchie de gérontes », identifiant sa gestion réactionnaire au « sens de l'Histoire » et une poignée de « dissidents », existaient un tissu social en pleine évolution, riche et complexe ; des contre-cultures et des subcultures diverses qui contribuaient, hors des clichés de la propagande, à former les esprits, les attitudes et les attentes ; des comportements — démographiques, culturels, religieux — traduisant la pérennité du « long terme imperturbable » ; des espaces de « micro-autonomie » et des « réseaux informels » où se discutait l'avenir. Toutes ces réalités, largement occultées, allaient apparaître au grand jour au cours de la perestroïka et peser, de tout leur poids, sur son cours.

BIBLIOGRAPHIE

Cette sélection bibliographique, nécessairement très sommaire, ne prend en compte que les ouvrages en langue française les plus accessibles.

I / « LES ANNÉES KHROUCHTCHEV »

1. *Aspects politiques*

G. Boffa, *Le grand tournant, de Staline à Khrouchtchev,* Paris, Le Seuil, 1960.
H. Carrère d'Encausse, *Le pouvoir confisqué*, Paris, Flammarion, 1980.
H. Carrère d'Encausse, *La déstalinisation commence*, Bruxelles, Ed. Complexe, 1984.
P. Daix, *L'avènement de la nomenklatura, la chute de Khrouchtchev*, Bruxelles, Ed. Complexe, 1982.
F. Furet, *Le passé d'une illusion. Essai sur l'idée communiste au XXe siècle*, Paris, Laffont/Calmann-Lévy, 1994.
B. Lazitch, *Le rapport Khrouchtchev et son histoire*, Paris, Le Seuil, 1976.
C. Lefort, Le totalitarisme sans Staline, in *Socialisme ou Barbarie,* n° 14, juillet-septembre 1956.
N. Khrouchtchev, *Souvenirs*, Paris, Laffont, 1971.
A. Knight, *Beria*, Paris, Aubier, 1994.
R. et J. Medvedev, *Khrouchtchev. Les années de pouvoir*, Paris, Le Seuil, 1977.
Le dossier de l'Affaire Pasternak, Archives du Comité central et du Politburo, préf. Jacqueline de Proyart, Paris, Gallimard, 1994.
M. Tatu, *Le pouvoir en URSS : du déclin de Khrouchtchev à la direction collective*, Paris, Le Seuil, 1967.

2. *Aspects économiques et sociaux*

B. Kerblay, *La société soviétique contemporaine,* Paris, Armand Colin, 1977.
M. Lavigne, *Les économies socialistes soviétiques et européennes,* Paris, Armand Colin, 1979.
T. Lowit, *Le syndicalisme de type soviétique,* Paris, Armand Colin, 1971.
A. Nove, *L'économie soviétique,* Paris, Plon, 1963.
J. Sapir, *Les fluctuations économiques en URSS, 1941-1985,* Paris, EHESS, 1990.
J. Sapir, Conflits sociaux et fluctuations économiques en URSS : l'exemple de la période 1950-1965, *Annales ESC,* 40 (4), juillet-août 1985.
N. Struve, *Les chrétiens en URSS*, Paris, Plon, 1963.
A. Werth, *Russie : espoirs et craintes,* Paris, Stock, 1969.
N. Werth, Gaël Moullec, *Rapports secrets soviétiques. La société russe dans les documents confidentiels, 1921-1991,* Paris, Gallimard, 1994.

3. *Politique étrangère*

F. Fejto, *Budapest, 1956,* Paris, Le Seuil, 1966.
F. Fejto, *Chine-URSS : de l'Alliance au conflit,* Paris, Le Seuil, 1973.
J. Laloy, *Entre guerres et paix, 1945-1965,* Paris, Laffont, 1966.

J. Lévesque, *L'URSS et sa politique internationale de Lénine à Gorbatchev,* Paris, A. Colin, 1987.
J. Lévesque, *Le conflit sino-soviétique et l'Europe de l'Est,* Montréal, 1981.
J. Lévesque, *L'URSS et la révolution cubaine,* Paris, A. Colin, 1976.
F. Perroux, *La coexistence pacifique,* Paris, Laffont, 1958.

II / L'ÈRE BREJNEV

1. *Aspects politiques*

H. Carrère d'Encausse, *Le pouvoir confisqué : gouvernés et gouvernants en URSS,* Paris, Flammarion, 1981.
J. Chiama et F. Soulet, *Histoire de la dissidence. Oppositions et révoltes en URSS et dans les démocraties populaires de la mort de Staline à nos jours,* Paris, Le Seuil, 1982.
M. Ferro, Y a-t-il trop de démocratie en URSS ?, *Annales ESC,* juillet-août 1985.
M. Ferro, *Les origines de la perestroïka,* Paris, Ramsay, 1990.
P. Gelard, *Le Parti communiste de l'URSS,* Paris, 1982.
P. et M. Lavigne, *Regards sur la nouvelle Constitution soviétique de 1977,* Paris, A. Colin, 1979.
M. Lewin, *La grande mutation soviétique,* Paris, A. Colin, 1989.
J. Medvedev, *Andropov au pouvoir,* Paris, Flammarion, 1983.
A. Sakharov, *Mon pays et le monde,* Paris, 1975.
Samizdat I : la voix de l'opposition communiste en URSS, Paris, Le Seuil, 1969.
M. Voslensky, *La Nomenklatura,* Paris, Laffont, 1980.

2. *Aspects économiques et sociaux*

B. Chavance, *Le système économique soviétique,* Paris, PUF, 1983.
G. Duchêne, *L'économie de l'URSS,* Paris, 1987.
M. Ferro, M.-H. Mandrillon (éd.), *L'Etat de toutes les Russies,* Paris, La Découverte, 1993.
L. Gordon, E. Klopov, *L'homme après le travail,* Moscou, 1976.
B. Kerblay, M. Lavigne, *Les Soviétiques des années 1980,* Paris, A. Colin, 1985.
C. Revuz, *Ivan Ivanovitch écrit à la Pravda,* Paris, Editions Sociales, 1980.
J. Sapir, *Travail et travailleurs en URSS,* Paris, La Découverte, 1983.
J.-L. Van Regemorter, *D'une perestroïka à l'autre,* Paris, SEDES, 1990.

3. *Politique étrangère*

H. Carrère d'Encausse, *Ni guerre, ni paix,* Paris, Flammarion, 1986.
H. Carrère d'Encausse, *Le Grand Frère : l'URSS et l'Europe soviétisée,* Paris, Flammarion, 1983.
P. Devilliers, *Guerre ou paix : une interprétation de la politique extérieure soviétique depuis 1944,* Paris, Fayard, 1979.
A. Fontaine, *Un seul lit pour deux rêves : histoire de la « Détente »,* Paris, Plon, 1981.
M. Lavigne, *Les relations économiques Est-Ouest,* Paris, PUF, 1979.
F. Lemoine, *Le Comecon,* Paris, PUF, 1982.
G. Sokoloff, *La drôle de crise, de Kaboul à Genève,* Paris, Laffont, 1987.
M. Tatu, *Eux et nous : les relations Est-Ouest entre deux détentes,* Paris, Fayard, 1985.
A. de Tinguy, *USA-URSS, la détente, Bruxelles,* Ed. Complexe, 1985.

TABLE DES MATIÈRES

Imprimé en France
Imprimerie des Presses Universitaires de France
73, avenue Ronsard, 41100 Vendôme
Décembre 1995 — N° 42 047